코인투자 처음부터 확실하게 배워
야무지게 투자하는 법

탄탄하게 시작하는 코인투자 첫 공부

이지영 지음

옐로우바스켓

프롤로그

당신의 미래를 위해
세상을 바꾸는 기술에 투자하라

2014년 3월, 샌프란시스코의 한 경매장.

긴장감이 감도는 가운데, 한 남자가 손을 들어 올렸습니다.

"630달러에 낙찰!"

그의 이름은 팀 드레이퍼Tim Draper. 실리콘밸리의 전설적인 벤처 캐피털리스트죠.

그가 입찰한 물건은, 바로 비트코인 29,656개. 당시 시세로 약 1천 800만 달러어치였습니다.

주변 사람들은 의아해했습니다.

'왜 실체도 없는 비트코인에 과감한 베팅을 하는 것일까?'

하지만 드레이퍼의 눈에는 찬란한 미래가 그려지고 있었습니다.

"3년 안에 비트코인 가격이 1만 달러를 돌파할 것입니다."

그의 예측은 정확히 들어맞았습니다. 2017년 12월, 비트코인 가격은 사상 처음으로 1만 달러를 돌파했고, 곧이어 2만 달러까지 치솟았습니다. 그가 구매한 비트코인의 가치는 8년 만에 약 30배 이상 증가했죠. 1천800만 달러의 투자금은 어느새 5억 달러를 넘어섰습니다.

"비트코인은 은행, 정부, 심지어 국가의 개념까지 바꿀 겁니다. 이것은 단순한 화폐가 아닙니다. 자유와 신뢰의 상징이죠."

2023년, 드레이퍼는 또 한 번 과감한 예측을 내놓았습니다.

"2년 안에 비트코인 가격이 25만 달러를 돌파할 겁니다. 100% 확신합니다."

자, 이제 당신에게 묻겠습니다. 비트코인은 정말 세상을 바꿀 수 있을까요? 당신은 이 변화의 물결 속에서 어떤 선택을 하시겠습니까?

서문
'경제 전문 앵커가 어떻게 암호화폐관련 책을 쓰게 됐을까?'

저의 암호화폐 투자 이야기는 지난 불장으로 거슬러 올라갑니다. 사실 저는 그 당시에 전통 금융과 주식 시장을 분석하는 방송 프로그램을 맡고 있었습니다. 3년 차가 되면서 시장을 분석하고 패널과 대담을 나누는 일이 자연스러워졌고, 그러한 과정에서 많은 즐거움을 느끼며 회사를 다니고 있었습니다. 사명감도 느꼈고, 나름의 자부심도 있었습니다.

그러던 어느 날, 방송국 대기실에서 오랜만에 국장님과 마주쳤습니다. 코로나19 팬데믹이 시장을 공포에 떨게하던 시기였습니다.

"암호화폐 방송을 새로 론칭하려고 하는데, 혹시 주변에 아는 전문가 있어?"

그 말을 듣고 잠시 머릿속이 복잡해졌습니다. 암호화폐 전문가라? 그때만 해도 코인은 사기니, 거품이니 하는 말이 많았고, 투기판이라는 인식이 강했습니다. 저 역시 깊이 생각해 본 적이 없었습니다. 그러던 중, 뜻밖의 제안을 받았습니다.

"온체인 데이터라는 게 있는데, 한번 공부해 볼래?"
"네? 온체인 데이터요? 그게 뭔가요?"

당시 저는 대학원 경제학과 석사 진학을 위해 다양한 통계 자료를 분석하는 일이 나름 익숙해져 있었습니다. 국장님께서는 아마도 이런 배경을 보고 저에게 온체인 데이터 분석을 권해주신 것 같았습니다.

온체인 데이터는 저도 처음 들어보는 개념이었습니다. 아직 여러분도 생소하시죠? 온체인 데이터란 블록체인 안에서 실제로 이루어지는 모든 거래 기록을 분석하는 분야입니다. 예를 들어, 특정 지갑이 대량의 비트코인을 이동시키거나, 거래소로 코인이 유입되는 패턴을 분석하는 것입니다. 온체인 데이터는 단순한 가격 차트 분석이 아닙니다. 블록체인 내에서 실제 자금이 어떻게 움직이는지를 추적할 수 있어서 시장의 흐름을 예측하는 데 많은 도움을 받을 수 있습니다. 이러한 계기로 저는 암호화폐 시장에 본격적으로 발을 들였습니다.

처음에는 단순히 방송을 위해 아주 기초적인 자료를 정리하는 정도였습니다. 주어진 시간은 20분, 한 주간의 온체인 데이터를 분석하고 그 내용을 시청자들에게 전달하는 것이 제 역할이었습니다. 그런데 자료를 파고들수록 너무나 흥미롭더라고요. 전통적인 금융 자산과는 확실히 다른 점이 보였습니다. 서서히 암호화폐 생태계에 대한 신뢰가 쌓였습니다. 온체인 데이터를 분석하면서 저는 '아니, 이토록 투명한 자산이 있을까?'라고 생각하곤 했습니다.

그러던 중 암호화폐 프로그램의 패널로 출연하는 것이 아니라, 전체 프로그램의 진행을 맡게 되는 기회를 얻게 됐습니다. 이 변화는 사실 저에게도 매우 중요한 전환점이었습니다. 진행자로서 다양한 크립토 업계 관계자들과 투자자들을 직접 만나게 되었고, 그들의 성공스토리가 완성되는 순간을 가까이서 지켜보게 됐습니다. 그들과 함께 암호화폐 시장을 지켜보며 이 시장에 대한 신뢰를 넘어 '확신'이 생겼습니다.

암호화폐 시장을 바라보는 전통 금융시장의 시선은 여전히 차가웠지만, 저는 '언젠가는 이 시장이 제대로 된 가치를 인정받을 것'이라 믿었습니다. 그 가치가 이제 서서히 많은 사람들에게 드러나고 있습니다. 그 점이 바로 여러분께서 이 책을 읽게 되실 이유이기도 할 겁니다.

가치를 넘어 투자 이야기를 해볼까요? 흔히 우리가 경제적 자유를 얻었다는 의미로 '졸업'이라는 표현을 쓰죠. 그렇게 제가 맞이한 첫 번째 불장이 지나갈 즈음, 제 주변에도 '코인으로 졸업'한 사람들이 꽤 많이 생겨났습니다. 그런데 그들의 공통점이 무엇인지 아시나요?

물론, 운도 어느 정도 따라줬지만 남보다 빠르게 이 시장에 관해 공부하고 이해했던 이들이라는 겁니다. 그 보상으로 남들이 몇십 년, 아니많게는 몇백 년이 걸릴 부를 단 몇 년 만에 이뤄내는 걸 가장 가까이서 지켜봤습니다. 그들은 이 시장의 가치를 남들보다 먼저 깨닫고 확신하며 주장하던 이들이었습니다.

그렇다면, 우리에게 이제 더 이상 기회가 없을까요? 그렇지 않습니다. 아무리 암호화폐 투자자가 늘어났다 하더라도, 아직도 주변에는 암호화폐의 가치를 인정하지 않는 사람들이 훨씬 많습니다. 제가 만난 수많은 크립토 전문가들은 여전히 암호화폐 시장을 '기회의 시장'으로 보고 있습니다. 다시 말해 우리에게도 그 기회를 잡을 가능성이 충분히 남아 있다는 뜻입니다.

이 책에는 제가 업계에서 일하며 수천 명을 만나며 얻은 여러 가지 인사이트가 담겨 있습니다. 따라서 초보 투자자에게는 지름길을 안내하고, 나아가 아직 길을 찾지 못하고 있는 시장 참여자들에게는 확실한 방향성을 제시합니다.

이 책에서 다룬 내용

현재 암호화폐 시장에서 기회를 잡는 이들과 그렇지 않은 이들 사이에는 큰 차이가 있습니다. 시장을 제대로 이해한 사람들은 새로운 기회를 발견하고 있지만, 아직 이를 알지 못하는 사람들은 멀리서 지켜보기만 합니다. 이 책은 암호화폐 시장에 막 관심을 가진 분들을 위한 특별하고 친절한 안내서입니다. 암호화폐 투자에 대한 궁금증을 해소하고, 안전하고 현명하게 시장에 진입할 수 있도록 돕습니다.

암호화폐가 처음 등장했을 때를 기억하시나요?

물론 기억하지 못하더라도 괜찮습니다. 불과 몇 년 전까지만 해도 많은 이들이 이를 단순한 유행으로 치부하거나, 심지어 '사기'라고까지 말했습니다. 하지만 지금은 상황이 다릅니다. 암호화폐와 블록체인은 금융 시스템을 바꾸고 있으며, 이제는 전 세계적인 금융 기관과 기업들이 암호화폐 시장에 뛰어들고 있습니다.

월스트리트의 투자자들은 비트코인을 '디지털 금'이라고 부르며 장기 투자 자산으로 평가하기 시작했고, 실리콘밸리의 기업들은 블록체인 기술을 활용한 새로운 산업 혁신을 이끌고 있습니다.

그렇다면, 무엇이 이 시장의 흐름을 바꿨을까요?

암호화폐는 단순한 가상 화폐가 아닙니다. 처음에는 소수의 커뮤니티 안에서 거래되었지만, 이제는 글로벌 금융 시장에서 하나의 투자 자산군으로 자리 잡았습니다. 기존 금융권이 다루던 주식, 채권, 금과 같은 전통 자산과 나란히 비교될 정도로 시장의 주목을 받고 있습니다.

과거에는 개인 투자자들만 관심을 가졌다면, 이제는 기관 투자자와 대기업이 직접 비트코인을 매입하고 자산 포트폴리오에 포함시키고 있습니다. 테슬라, 마이크로스트래티지, 블랙록과 같은 기업들은 이미 비트코인을 보유하고 있으며, 각국의 은행과 금융 기관들도 디지털 자산 서비스를 확대하는 중입니다. 여전히 암호화폐 시장은 빠르게 변화하며, 그 안에서 새로운 기회가 끊임없이 만들어지고 있습니다. 이 책에서는 단순한 정보가 아니라 시장을 바라보는 정확한 관점과 탄탄한 투자 전략을 얻길 바랍니다. 이 책은 바로 시장이 바라는 흐름을 이해하고, 투자자로서 올바른 길을 찾기 위한 첫걸음이 될 것입니다.

먼저 암호화폐의 현재 모습과 위치를 살펴보고, 그 입지를 강화시킨 핵심적인 요인에 관해 알아봅니다. 암호화폐가 단순한 유행이 아니라, 왜 미래의 금융시장에서 중요한 역할을 하게 될 것인지 알게 되실 겁니다. 더불어 여러분이 직접 투자에 나설 수 있도록, 기초 개념부터 실전 투자까지 단계별로 안내할 것입니다.

'이제 막 세상에 나온 암호화폐'

2008년, 한 익명의 천재가 세상에 내놓은 비트코인. 그 시작이 어떻게 글로벌 금융 시장을 뒤흔들었는지, 왜 비트코인을 이해하는 것이 투자에 있어 가장 중요한 첫걸음인지 이야기할 것입니다.

많은 이들은 여전히 비트코인의 가격 변동성에만 집중하며, 그 본질적인 가치를 간과하는 경우가 많습니다. 본질적인 가치를 알아야 비트코인을 비롯한 암호화폐 시장이 이토록 관심을 받는 이유를 파악하고 올바른 투자 전략을 세울 수 있습니다. 대형 금융 기관과 기업들이 장기적인 가치를 인정하고 자산 포트폴리오에 포함하는 이유, 그리고 우리가 이를 투자 기회로 어떻게 활용할 수 있는지를 깊이 있게 다룰 것입니다.

이어서 비트코인을 넘어, 이더리움, XRP, 솔라나, 도지코인, 스텔라루멘 등 다양한 알트코인을 탐구하게 됩니다. 각 암호화폐는 저마다의 목적과 기술적 차별점을 가지고 있습니다. 이들 암호화폐가 어떤 역할을 수행하며, 투자자에게 어떤 기회를 제공할 수 있는지 알아볼 것입니다.

실전 투자 전략 & 가이드라인

하지만 단순한 개념 이해만으로는 충분하지 않습니다. 실제 투자를 위해 필요한 실용적인 가이드라인도 제공합니다.

- 암호화폐 거래소 선택법
- 코인을 국외거래소로 옮기는 방법
- 안전하게 자산을 보관하는 법(콜드월렛 & 핫월렛 차이점)
- 리스크를 줄이는 포트폴리오 전략 등

많은 투자자들이 암호화폐에 처음 진입하면서 가장 궁금하고 어려워하는 부분들에 대해 다뤄보겠습니다. 여러분이 실제로 활용할 수 있는 실질적인 가이드 역시 제시할 것입니다.

신뢰할 만한 정보 찾기 & 해석하는 법

투자자는 단순히 정보를 얻는 것이 아니라, 올바르게 해석하고 활용하는 법을 배워야 합니다. 투자에 필요한 유용한 암호화폐 정보 루트를 소개하고, 활용하는 방안을 제시하겠습니다.

- 신뢰할 만한 뉴스 사이트

- 영향력 있는 트위터 계정

- 데이터 분석 도구 등

단순히 '뉴스를 읽는 것'과 '뉴스를 투자에 활용하는 것'은 큰 차이가 있습니다. 이 책을 통해 정보 해석 능력을 키우고, 이를 실제 투자 전략에 적용하는 방법 역시 배우게 될 것입니다.

이 책을 끝까지 읽고 나면, 여러분은 초보 투자자에서 벗어날 것입니다. 암호화폐 시장의 흐름을 읽고, 스스로 투자 결정을 내릴 수 있는 기반을 갖추게 됩니다. 암호화폐 시장에 호기심이 생겨 이 책을 펼쳤다면, 그 결정이 여러분을 새로운 기회의 장으로 이끌 것입니다.

이지영

CONTENTS

프롤로그 당신의 미래를 위해 세상을 바꾸는 기술에 투자하라   4
서문 '경제 전문 앵커가 어떻게 암호화폐관련 책을 쓰게 됐을까?'   6

암호화폐 제대로 알기 편

CHAPTER 1 암호화폐 투자, 지금이 적기일까?
1 미국 대통령이 선택한 암호화폐   22
2 비트코인 ETF 승인이 가져다준 폭발적인 시장 성장   27
3 글로벌시장에서 암호화폐의 역할 확대   33

CHAPTER 2 비트코인은 왜 만들어졌을까?
1 정체를 알 수 없는 비트코인 창시자   44
2 2008년 금융위기가 탄생시킨 비트코인   49
3 비트코인의 철학, 탈 중앙화   55

CHAPTER 3 블록체인, 정말 어려운 기술일까?
1 블록체인을 알아야 투자가 쉽다   59
2 비트코인은 어디에서 오는 걸까?   62
3 비트코인 가격을 결정짓는 '반감기'   66

CHAPTER 4 사가총액 상위 알트코인 알아보기
1 이더리움(ETH): 비트코인의 한계에서 시작된 아이디어   80

2 XRP: 국외 송금의 혁신 84

3 솔라나(SOL): 이더리움 킬러 88

4 카르다노(ADA): 이더리움의 한계 극복을 위해! 91

5 도지코인: 일론머스크가 만든 코인? 95

6 미국 정부가 밀어주는 스테이블코인 99

CHAPTER 5 알트코인 분류 어떻게 할까? 알트코인 분류로 쉽게 투자하기

1 RWA 코인: 실물 자산에 블록체인 기술을 접목 107

2 AI 코인: 인공지능과 블록체인 기술을 결합 111

3 밈코인(Meme Coin): 유행과 커뮤니티의 힘 115

4 결제 및 거래 관련 코인 118

5 영원한 강자는 없는 '코인 시장' 121

암호화폐 제대로 투자하기 편

CHAPTER 6 한국에서 암호화폐 투자, 어떻게 시작할까?

1 어떤 거래소를 선택해야 할까? 129

2 국내 암호화폐 거래소 가입 방법 133

3 거래소에서 암호화폐 사고팔기 140

CHAPTER 7 암호화폐 국외 거래소 사용법

1 국내 암호화폐 거래소 vs. 국외 암호화폐 거래소 157

2 주요 국외 거래소 소개 160
3 국외 거래소 회원가입 방법 163
4 국내 거래소에서 국외 거래소로 입금하기 171
5 국외 거래소에서 암호화폐 거래 시작하기 176

CHAPTER 8 내 암호화폐 안전하게 전용 금고에 보관하는 법
1 콜드월렛이란? 185
2 콜드월렛의 종류와 사용법 187
3 콜드월렛 활용해 내 자산 보호하기 195

CHAPTER 9 암호화폐 시장 가격에 영향을 주는 요인
1 경제지표와 암호화폐 시장 199
2 비트코인과 미국 주식 시장의 상관관계 203
3 비트코인과 달러인덱스(DXY) 206
4 도움이 되는 다양한 코인 지표 208

CHAPTER 10 알아두면 계속 써먹는 기본적 차트 분석
1 기본적인 차트 보는 법 216
2 도움이 되는 보조지표(이동평균선, 거래량, RSI, 볼린저밴드) 222
3 거래소에서 지표 보는 법 228

CHAPTER 11 암호화폐 뉴스로 사고팔기
1 암호화폐 뉴스 사이트 정리 235
2 SNS를 통해 암호화폐 정보 빠르게 얻는 법 244
3 암호화폐 뉴스, 투자에 어떻게 적용해야 할까? 251

CHAPTER 12 암호화폐 투자의 꽃 온체인 데이터

1 온체인 데이터란 도대체 무엇일까?   258
2 간단한 온체인 지표로 시장 읽기   260
3 초보 투자자에게 유용한 데이터 활용법과 유용한 사이트   264
4 온체인 데이터를 볼 수 있는 사이트   268

CHAPTER 13 암호화폐 투자, 지금이 적기일까?

1 앞으로 펼쳐질 암호화폐 포지티브 시나리오   277
2 암호화폐 네거티브 시나리오   283
3 암호화폐 투자의 이유   287

CHAPTER 14 알아두면 쏙쏙 이해되는 전문 용어

1 암호화폐 기본 용어 정리   293
2 기술적인 암호화폐 용어   296
3 암호화폐 투자 시 자주 쓰이는 용어   299
4 지표 분석 시 꼭 알아야 할 용어   302

참고문헌 및 출처   307

암호화폐 투자, 지금이 적기일까?

우리가 암호화폐 시장에 뛰어들어야 하는 이유

시대의 흐름에 뒤처질 것인가, 아니면 그 흐름을 탈 것인가? 국내 코인 거래소의 총 투자자 수가 1,620만 명을 돌파했습니다. 2024년 12월 기준, 국내 가상자산 투자자 수는 약 1,620만 명으로, 11월 말보다 61만 명이 증가했습니다. 특히, 미국의 도널드 트럼프 Donald John Trump 대통령이 암호화폐 산업 육성을 공식 공약으로 내세우면서 시장은 한층 더 뜨겁게 달아올랐습니다. 2024년, 국내 주요 암호화폐 거래소들의 연간 거래대금은 무려 2,522조 원을 넘어섰습니다. 같은 해 코스피 시장의 연간 거래대금은 2,621조 원, 코스닥은 2,048조 원이었습니다.

이제 암호화폐 시장은 주식 시장과 맞먹는 규모로 성장했으며, 기존 금융시장조차도 이를 무시할 수 없는 상황에 이르렀습니다. 다시 말해, 우리 나라 국민의 30% 이상이 코인 투자를 한다는 의미입니다.

이제는 투자 자산 중 무시할 수 없는 규모가 되어버린 암호화폐 시장, 자산 수익률 측

[10년간 주요 자산 수익률]

Period	Bitcoin	S&P500	Gold	Crude Oil	5-Year Treasuries	10-Year Treasuries
YTD Returns	129.0%	28.3%	32.2%	-0.13%	5.3%	8.2%
1-Year Returns	153.1%	33.1%	34.8%	-3.8%	-2.5%	-0.4%
3-Year Returns	79.0%	34.1%	53.1%	6.1%	267.8%	218.0%
5-Year Returns	1,283.6%	96.7%	84.6%	25.3%	169.5%	149.9%
10-Year Retuns	26,931.1%	193.3%	125.8%	4.3%	157.1%	86.8%

출처: https://www.coingecko.com/

면에서도 놀랄만한 성과를 보여줬습니다. 최근 10년 간 주요 금융 자산들과의 수익률을 비교하면 더욱 흥미로운 결과가 나옵니다. 다른 자산과 비교해 보겠습니다.

전통 금융 자산들의 성과와 비교했을 때 비트코인의 상승률은 놀라운 수준입니다. 골드와 S&P500의 10년간 수익률이 각각 125.8%, 193.3%인데 반해 비트코인은 무려 26,931.1%라는 폭발적인 상승률을 기록했습니다. 전통적인 금융 자산들이 수십 년에 걸쳐 쌓아 올린 상승률을, 비트코인은 단 10년 만에 압도적으로 뛰어넘었습니다. 암호화폐 시장이 이처럼 역사적 정점에 도달한 데에는 여러 가지 주요 요인이 있습니다. 이 시장의 폭발적인 성장을 이끈 흥미로운 이야기들로 이 책의 첫 장을 시작해보겠습니다. 만약 아직 기회가 남아 있다면, 여러분은 어떤 선택을 하시겠습니까?

01
미국 대통령이 선택한 암호화폐

도널드 트럼프 미국 대통령은 한때 "암호화폐는 사기다"라고 말하며 강하게 비판했던 인물로 잘 알려져 있습니다. 2019년, 그는 암호화폐가 '공기 중에 떠 있는 것 같은 자산'이라며 비판했으며, 미국 달러의 국제적 지위를 위협한다고 경고했습니다. 하지만 시간이 흘러 트럼프는 2024년, 대선 캠페인에서 완전히 다른 태도를 보였습니다. 암호화폐의 열렬한 지지자가 된 겁니다. 그는 비트코인을 '미래를 정의할 자산'이라고 칭하며, 미국을 '세계 암호화폐 수도로 만들겠다'는 포부를 밝혔습니다.

그의 재선 발표 직후 비트코인 가격은 하루 만에 7만 달러에서 7만5천 달러로 급등하며 새로운 상승장을 열었습니다. 이후 12월까지 비트코인은 지속적인 상승세를 보이며 '꿈의 10만 달러'를 넘어서며 역사적 최고가를 달성했습니다. 이러한 가격 변화는 단순히 시장 심리의 변화뿐만 아니라, 트럼프 행정부의 정책이 암호화폐 산업에 미칠 장기적인 영향

[미국 대선 이후 비트코인 가격 추이]

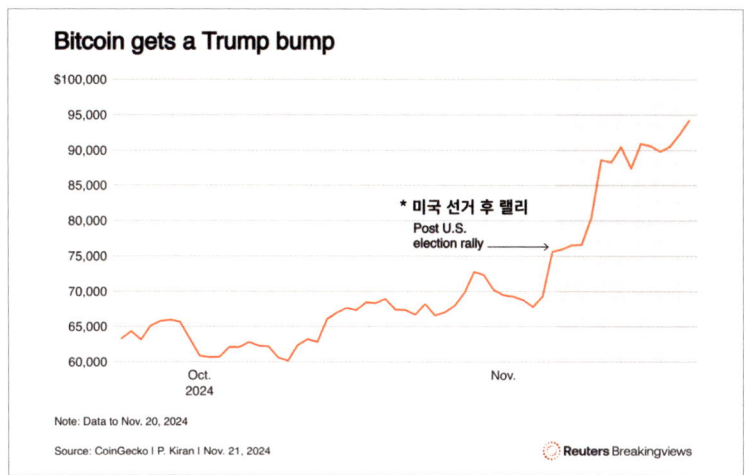

출처: https://www.coingecko.com/

을 반영한 결과로 볼 수 있습니다.

시장은 그의 암호화폐 친화적인 정책이 현실화될 것이라는 기대 속에서 움직였으며, 트럼프 캠프가 내세운 '미국을 세계 암호화폐 수도로 만들겠다'는 공약 역시 투자심리를 자극하는 중요한 요소로 작용했습니다.

그의 공약은 기존 정치권의 입장과는 차별화된 파격적인 것이었습니다. 규제 완화, 비트코인 채굴 지원, 암호화폐 세금 정책 조정 등 구체적인 계획들이 시장의 관심을 집중시켰습니다. 이에 따라 투자자들은 트럼프의 정책이 암호화폐 시장에 미칠 영향을 선반영하며, 비트코인의 강세 흐름을 더욱 강화시켰습니다.

트럼프는 왜
암호화폐 대통령을 자처했을까요?

이러한 태도 변화는 단순한 입장 전환 이상의 의미를 지닙니다. 물론, 정치적 지지를 확보하려는 의도였던 것은 분명해 보입니다. 퍼블릭시티즌의 분석에 따르면, 2024년 미국 선거 사이클에서 암호화폐 관련 기업과 개인들의 정치 기부금이 전체의 약 48%를 차지했으며, 트럼프의 정치활동 위원회인 'Trump 47트럼프 47'은 2024년 6월 이후 암호화폐를 통해 약 750만 달러를 모금한 것으로 알려졌습니다.

이처럼 트럼프는 암호화폐 투자자들과 친 암호화폐 기업들의 도움을 받은 것은 명백합니다. 하지만 더 나아가서 그는 암호화폐를 단순한 투자 상품이 아니라 미국 경제와 국가 안보 전략의 핵심 요소로 보고 있습니다.

트럼프의 암호화폐 지지 선언은 변화하는 글로벌 금융 환경에 대한 대응입니다.

블록체인 기술과 암호화폐의 부상은 전통적인 금융 시스템에 도전장을 내밀고 있습니다. 스탠포드 대학의 금융학 교수 다렐 더피Darrell Duffie 는 '암호화폐는 단순한 투기 자산이 아니라 미래 금융 시스템의 근간이 될 수 있는 혁신적 기술'이라고 평가했습니다. 트럼프는 이러한 기술 혁신의 물결을 미국이 주도해야 한다고 판단한 것으로 보입니다.

암호화폐 산업 지지는 새로운 경제 성장 동력을 확보하려는 시도입니다.

코인베이스의 CEO 브라이언 암스트롱Brian Armstrong은 "암호화폐 산업은 미국 경제에 연간 1,000억 달러 이상의 경제적 가치를 창출하고 있다"라고 밝혔습니다. 트럼프는 이 산업을 더욱 육성함으로써 일자리 창출과 경제 성장을 도모하려는 것으로 보입니다.

미국의 글로벌 금융 패권을 유지하려는 전략적 판단이 깔려 있습니다.

2025년 1월, 도널드 트럼프 미국 대통령은 CBDCCentral Bank Digital Currency, 중앙은행 디지털 화폐 발행을 금지하는 행정명령을 발표했습니다. 그는 CBDC가 금융 시스템의 안정성, 개인의 프라이버시, 미국의 주권을 위협할 수 있다는 점을 강조하며 강력한 반대입장을 표명했습니다.

CBDC를 반대한 트럼프 대통령은 달러 기반 스테이블코인을 적극적으로 지원하는 정책을 내세웠습니다. 스테이블코인은 법정화폐(달러)와 연동되어 가치를 유지하는 암호화폐로, 민간 기업이 발행하고 운영하는 방식이 특징입니다. 트럼프 대통령은 'CBDC 대신 스테이블코인을 활용하는 것이 미국의 금융 주권을 유지하는 데 더욱 효과적'이라 생각한 것입니다. 이는 단순한 기술적 우려를 넘어서, 글로벌 금융시장에서 미국의 경제적 패권을 유지하기 위한 전략적 판단으로 분석됩니다.

결국, 트럼프 대통령이 자신을 '암호화폐 대통령'이라고 선언하고 미국이 암호화폐 산업을 선점하려는 것은 단순한 경제 정책을 넘어서, 미국이 디지털 시대에 맞는 세계적인 주도권을 다시 정립하려는 전략으로 볼 수 있습니다.

그의 목표는 기술 발전, 경제 성장, 국가 안보 강화, 그리고 국제 금융 질서의 변화에 대응하는 것입니다. 암호화폐와 블록체인 기술이 앞으로 금융뿐만 아니라 여러 산업에 큰 영향을 미칠 것으로 예상되기 때문에, 미국이 이러한 흐름을 주도해야 한다는 판단에서 나온 정책입니다. 미국 대통령이 선택한 암호화폐의 숨은 의도를 따라가다 보면, 이 시장의 성장을 몸소 이해할 수 있을 겁니다.

02
비트코인 ETF 승인이 가져다준 폭발적인 시장 성장

'비트코인 현물 ETF 승인이 가져다 준 폭발적인 시장 성장'

최근 몇 년간 암호화폐 시장에서 가장 주목할 만한 변화는 기관 투자자들의 본격적인 진입입니다. 2024년, 미국 증권거래위원회 SEC가 비트코인 현물 상장지수펀드 ETF를 승인하면서 기관 자금 유입이 가속화되었습니다. 이로 인해 비트코인과 이더리움 같은 주요 암호화폐는 기존 금융시장과 더욱 밀접하게 연결되었고, 앞으로도 이런 흐름은 강화될 것으로 예상됩니다.

비트코인 현물 ETF 승인
어떤 의미를 가질까요?

다음 페이지처럼 몇 가지 의미로 정리해 볼 수 있습니다.

암호화폐 제도권으로 편입되다.

비트코인의 현물 ETF 승인은 미국의 증권거래위원회가 비트코인을 합법적인 투자 자산으로 인정했음을 의미합니다. 이는 그동안 투기적 자산의 인식이 있었던 비트코인이 제도권 금융 상품으로 자리 잡는 중요한 계기가 됐습니다.

개인 투자자의 접근이 쉬워지다.

개인투자자들은 암호화폐 거래소를 새로 이용할 필요 없이 사용하던 나스닥 거래소에서 비트코인에 투자할 수 있게 됐습니다. 그동안 비트코인에 투자하고 싶어도 암호화폐 거래소를 믿지 못해 투자를 망설였던 투자자들은 증권계좌를 통해 비트코인을 투자할 수 있게 되었습니다.

기관 투자자가 증가하다.

비트코인 ETF는 개인 투자자만 투자하는 것이 아닙니다. 기관 및 기업 투자자들도 포트폴리오의 일부로 선택할 수 있는 금융 상품입니다. 2024년 초 미국에서 비트코인 현물 ETF가 승인된 이후, 주요 연기금과 은행 등 기관 투자자들의 관심이 급격히 증가했습니다. 세계 최대 자산 운용사 중 하나인 블랙록의 비트코인 현물 ETF^{IBIT}는 출시 이후 큰 성공을 거두며, 2024년 말 기준 약 58억 달러의 자산을 운용하고 있습니다. 위스콘신 주의 투자위원회는 블랙록의 현물 비트코인 ETF^{IBIT} 주식을 약

9,900만 달러어치 매입했다고 발표했으며, 이는 미국 공적 연기금이 비트코인 ETF에 투자한 첫 사례로 기록되었습니다. 이외에도 미시간 주 연기금은 660만 달러 규모의 비트코인 ETF 투자를 단행하며 기관 투자자들의 적극적인 참여를 보여주었습니다.

ETF 운용사들은 투자자들의 자금 유입에 따라 실제 비트코인을 매입해야 하므로, 이는 시장 유동성과 안정성에 긍정적인 영향을 미칩니다. 2024년 한 해 동안 비트코인 ETF는 총 125억 달러 이상의 순유입을 기록하며 시장 신뢰도를 높였습니다.

[2024년 10월부터 연말까지 비트코인 보유량 변화]

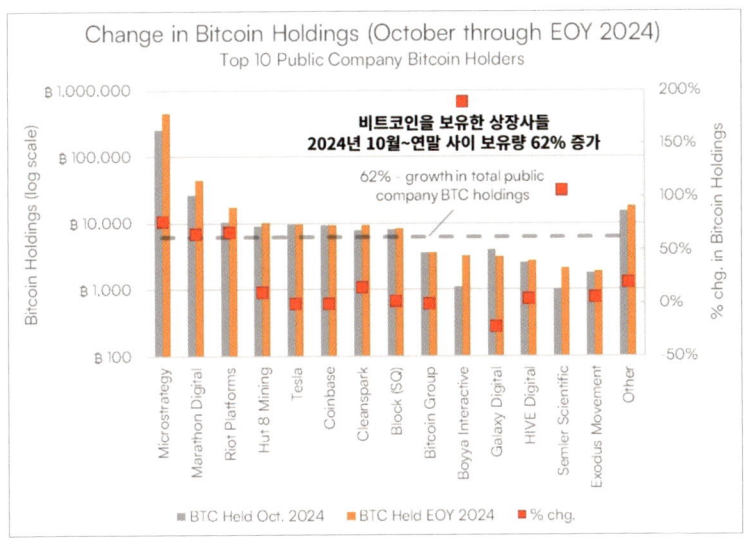

출처 : https://x.com/BitcoinNewsCom/status/1889444515322229232

비트코인 ETF 외에도 블랙록, 마이크로스트래티지MicroStrategy, 테슬라Tesla와 같은 대형 기업들이 직접 비트코인을 대규모로 매입하며 암호화폐가 기관급 자산으로서 자리 잡는 데 기여하고 있습니다. 스트래티지는 2024년 동안 보유량을 189,000 BTC에서 402,000 BTC로 늘리며 가장 많은 비트코인을 보유한 기업 중 하나로 자리 잡았습니다. 그리고 이러한 기조는 계속 이어지고 있습니다.

과거에는 암호화폐 시장이 개인 투자자 중심의 구조였다면, 현재는 기관 자금 유입으로 인해 시장이 보다 성숙하고 안정적으로 형성되고 있는 중입니다. 하지만 그보다 더 놀랄만한 사실이 있습니다.

바로 비트코인 현물 ETF에 쏠린 '투자자들의 관심'입니다. 비트코인 현물 ETF는 2025년 현재, 금융시장에서 가장 주목받는 상품 중 하나가 됐습니다. 그 관심과 자금 유입 속도는 단순히 놀라운 수준을 넘어, 전통적인 ETF 시장의 패러다임을 바꿀 만큼 강력한 영향을 미치고 있습니다. 2025년 1월 기준으로 비트코인 현물 ETF는 출시 이후 약 1년 만에 총 362억 달러(약 47조)라는 놀라운 순 유입을 기록했습니다. 이는 ETF 업계에서 가장 빠른 속도로 자금이 몰린 사례 중 하나로, 전문가들의 예상을 크게 웃도는 성과였습니다.

비트코인 ETF가 금 ETF를 추월하다.

2024년 12월 중순, 미국에서 비트코인 ETF의 운용자산 규모(AUM)가

골드 ETF를 넘어섰습니다. 비트코인 ETF의 운용자산은 약 1,290억 달러(한화 약 169조 원)에 달하며, 이는 골드 ETF의 1,280억 달러를 넘어서는

[골드 ETF 운용자산 VS 비트코인 ETF 운용자산]

출처 : https://x.com/BitcoinNewsCom/status/1889444515322229232

출처: K33

수치였습니다. 골드 ETF는 2003년부터 시작되어 20년 이상의 역사를 가진 상품으로, 안정적인 투자 수단으로 평가받아 왔습니다. 그러나 '불과 1년 만에 비트코인 ETF가 골드 ETF를 추월했다'는 사실은 비트코인에 대한 투자자들의 관심이 폭발적임을 보여줍니다.

거래량 측면에서도 비트코인 ETF는 놀라운 성과를 보였습니다. 더블록의 데이터에 따르면, 비트코인 ETF는 여러 차례 하루 거래량 50억 달러를 넘어섰습니다. 이는 전통적인 ETF 상품들과 비교해도 매우 높은 수치로, 비트코인 ETF에 대한 투자자들의 관심과 참여가 얼마나 높은지를 보여줍니다.

비트코인 현물 ETF의 성공은 단순한 투자 상품의 성공, 그 이상의 의미를 지닙니다. 상당한 규모의 자금 유입, 거래량 증가, ETF를 통한 기관투자자들의 참여는 암호화폐의 신뢰성을 높이고, 더 많은 투자자를 시장으로 끌어들이는 계기가 되고 있습니다. 앞으로도 비트코인 ETF는 암호화폐의 주류화를 이끌며, 글로벌 금융 시장에서 그 중요성이 더욱 커질 것으로 전망합니다.

03
글로벌 경제에서 암호화폐의 역할 확대

암호화폐는 글로벌 경제에서 점점 더 중요한 역할을 하고 있습니다. 초기에는 비트코인과 같은 암호화폐가 주로 투자 자산으로 주목받았지만, 현재는 실질적인 결제 수단으로도 활용되고 있습니다. 국가와 기업 차원에서 암호화폐를 결제 수단으로 채택하는 사례가 늘어나고 있으며, 무역 거래에 활용되거나 인플레이션을 헤지Hedge하는 도구로도 사용됩니다. 이러한 변화는 암호화폐의 기술적 특성과 글로벌 경제 환경의 변화가 맞물리면서 나타난 결과이기도 합니다.

전 세계 결제 수단으로 사용되는 암호화폐

암호화폐는 국경을 초월한 결제 수단으로 자리 잡으며, 기존 금융 시스템의 한계를 극복하는 데 기여하고 있습니다. 예를 들어, 엘살바도르는 2021년, 세계 최초로 비트코인을 법정 통화로 채택하며 암호화폐 결제를 활성화했습니다. 이 조치는 특히 국외 송금 분야에서 기존 금융 시스템의 높은 수수료와 느린 처리 속도를 극복할 대안으로 주목받았습니다.

스위스 루가노 시의 사례도 주목할 만합니다. 2022년 3월부터 루가노 시는 비트코인, 테더, 루가노의 자체 LVGA 포인트를 이용해 세금을 납부할 수 있도록 허용했습니다. 이는 유럽에서 암호화폐를 공식적인 결제 수단으로 인정한 주요 사례 중 하나입니다.

더 나아가 2023년 10월, 아랍에미리트UAE의 두바이는 암호화폐 결제를 위한 규제 프레임워크를 발표했습니다. 두바이에서 암호화폐를 이용한 상품 및 서비스 결제가 가능해졌습니다. 이 역시도 중동 지역에서 암호화폐 채택을 촉진하는 중요한 움직임으로 평가받고 있으며, 글로벌 금융 허브로서의 두바이의 위상을 강화하는 데 기여할 것으로 예상됩니다.

무역 결제에서의 암호화폐 활용

암호화폐는 무역 거래에서도 점점 더 중요한 역할을 하고 있습니다. 특히 국제 무역에서는 환율 변동, 금융 제재, 글로벌 금융 시스템의 제한을 극복할 수 있는 대안으로 주목받고 있습니다.

러시아와 중국은 최근 몇 년간 암호화폐를 활용하여 무역 거래를 진행하고 있습니다. 러시아는 서방의 금융 제재를 우회하기 위해 비트코인과 같은 디지털 자산을 사용해 국제 거래를 수행하고 있으며, 이를 위해 2024년, 새로운 법안을 통해 암호화폐 채굴과 국제 결제를 합법화했습니다. 러시아 재무장관 안톤 실루아노프 Anton Siluanov는 러시아 내에서 채굴된 비트코인을 외국과의 무역 거래에 사용하는 실험적 프레임워크가 이미 시행되고 있다고 밝혔습니다.

중국 역시 러시아와 협력하여 달러 의존도를 줄이고 독립적인 금융 시스템을 구축하려는 노력을 기울이고 있습니다. 양국은 BRICS(브라질, 러시아, 인도, 중국, 남아프리카 공화국) 회원국들과 함께 블록체인 기반의 독립적인 결제 시스템인 'BRICS Pay 브릭스 페이'를 개발 중이며, 이는 달러 패권에 대항하기 위한 전략적 움직임으로 평가받고 있습니다. 이러한 움직임은 암호화폐가 단순한 투기 자산을 넘어 실질적인 경제적 가치를 창출하는 수단으로 발전하고 있음을 보여줍니다. 앞으로는 국제 무역, 금융 시스템의 효율화, 그리고 새로운 경제 패러다임의 형성에 암호화폐가 중심적인 역할을 할 것입니다.

통화가치 하락 국가에서 대안 자산으로 쓰이는 암호화폐

암호화폐는 통화 가치 하락이 심각한 국가들에서 대안 자산으로 점점 더 주목받고 있습니다. 경제 불안과 극심한 인플레이션 속에서 국민들은 자산 가치를 보호하기 위해 암호화폐를 활용하는 중입니다.

이러한 변화는 베네수엘라와 짐바브웨를 비롯한 여러 국가에서 두드러지게 나타나고 있습니다. 베네수엘라에서는 2019년 기준, 통화 가치가 단 12개월 만에 373,233% 하락하면서, 국민들이 자산 보존과 일상적인 거래를 위해 비트코인을 사용하기 시작했습니다.

짐바브웨에서도 일부 시민들은 자산 가치를 보호하기 위해 암호화폐를 선택하고 있으며, 일부 지역에서는 상점들이 자국 통화 대신 비트코인을 결제 수단으로 받아들이는 모습도 나타나고 있습니다.

아르헨티나 또한 높은 인플레이션 속에서 비트코인의 채택률이 급격히 증가한 국가로 손꼽힙니다. 2023년 4월 기준, 아르헨티나의 연간 인플레이션율은 105%에 달했으며, 이에 따라 비트코인이 국민들에게 중요한 금융 대안으로 자리 잡고 있습니다. 아르헨티나 정부는 암호화폐 ETF와 같은 투자 상품을 도입하며 디지털 자산을 제도권에 편입하려는

[튀르키예에 위치한 비트코인 ATM기기]

출처: https://www.irishtimes.com

움직임을 보이고 있으며, 이를 통해 국민들에게 더 많은 금융 선택권을 제공하고, 외국인 투자 유치를 촉진하려는 중입니다.

튀르키예 역시 2024년 기준, 국민의 52%가 암호화폐를 보유하고 있습니다. 튀르키예 리라화의 가치가 미국 달러 대비 50% 이상 하락하면서, 많은 튀르키예 국민들은 암호화폐를 자산을 보호할 수 있는 안전한 투자처로 인식하고 있습니다.

이처럼 암호화폐는 경제 불안 속에서 자산 가치를 보존하는 하나의 실질적인 도구로도 자리잡았습니다. 암호화폐는 글로벌 경제에서 점점 더 중요한 역할을 하고 있으며, 그 영향력은 다양한 영역에서 확인됩니다. 국경 간 거래를 간소화하는 결제 수단으로의 역할부터 국제 무역 결

[국가별 비트코인 보유량]

Bitcoin Held By Governments
Bitcoin (BTC) Holdings of Countries, 2024

United States	213,246 BTC
China	190,000 BTC
United Kingdom	61,000 BTC
El Salvador	5,800 BTC
Ukraine	1,334.6 BTC

출처: coingecko.com/research

제 도구, 통화가치가 하락들 국가들에게는 대안 자산으로 자리 잡는 모습까지 다양합니다. 이는 암호화폐가 단순히 투자 자산에 머무르지 않고 실제 경제 활동에 깊숙이 통합되고 있음을 보여줍니다. 앞으로도 암호화폐가 글로벌 경제에 미칠 영향을 주시하며 이를 투자에 현명하게 활용하는 것 역시 중요합니다. 마지막으로, 국가별 비트코인 보유량도 살펴보겠습니다. 각 국가별 총 보유량은 2024년 기준입니다.

미국

총 보유량: 213,246 BTC

미국 정부는 세계에서 가장 많은 비트코인을 보유하고 있습니다. 이 중 상당량은 연방수사국FBI이나 마약단속국DEA 등 사법기관이 실크로드 Silk Road, BTCE, Hydra히드라 같은 암호화폐 관련 불법 마켓 단속에서 압수한 자산입니다. 미국 정부는 압수한 비트코인을 일부 경매를 통해 처분했지만, 여전히 상당량을 보유 중이며 이는 범죄수익 환수, 사이버 범죄 대응의 일환으로 해석됩니다.

중국

총 보유량: 190,000 BTC

중국은 암호화폐 거래 및 채굴을 공식적으로 금지했음에도 불구하고 대규모 비트코인 보유국입니다. 이는 주로 플러스토큰PlusToken 등 대형 암호화폐 사기 사건 수사 과정에서 압수된 것으로 알려져 있습니다. 특히 2020년, 중국 정부는 사기로 벌어들인 암호화폐 수십만 개를 몰수한 바 있으며, 이를 정부 차원에서 관리하는 중입니다.

영국

총 보유량: 61,000 BTC

영국 정부 역시 사이버 범죄와 관련된 수사를 통해 비트코인을 확보한 경우가 많습니다. 최근 몇 년간 영국의 세관과 경찰은 돈세탁, 해킹, 암호화폐 사기에 대한 단속을 강화하면서 다수의 디지털 자산을 압수했습니다. 영국은 현재 보유 중인 비트코인을 법원 판결에 따라 처분하거나 자산으로 유지하는 방식으로 관리하고 있습니다.

엘살바도르

총 보유량: 5,800 BTC

엘살바도르는 2021년 9월, 세계 최초로 비트코인을 법정화폐로 공식 채택했습니다. 나이브 부켈레Nayib Bukele 대통령의 주도로 정부는 꾸준히 비트코인을 매입하고 있으며, 국영 비트코인 지갑Chivo Wallet을 통해 국민에게 지급하거나 관광산업, 국채 대체 투자 등 다양한 분야에 활용하고 있습니다. 비트코인 도시 건설 및 채굴을 위한 지열발전소 활용 등 새로운 시도도 병행 중입니다.

우크라이나

총 보유량: 1,334.6 BTC

우크라이나는 러시아와의 전쟁 이후 전 세계 암호화폐 커뮤니티와 투자자로부터 기부받으며 비트코인 보유량을 늘렸습니다. 공식적으로는 정부 계정 외에도 비영리 단체나 군 관련 조직 명의의 지갑에서 기부금이 수령되었습니다. 이 기부금은 무기 구매, 의료 장비, 식량 등 군사 및 인도적 목적으로 사용되고 있으며, 국방력을 유지하는 데 중요한 수단으로 자리 잡고 있습니다.

각국 정부가 비트코인을 보유하고 활용하는 방식은 다르지만, 한 가지 분명한 점은 비트코인의 세계 경제에서의 영향력이 점점 커지고 있다는 것입니다. 이는 비트코인이 단순한 개인 투자 자산을 넘어, 국가 차원에서도 점점 더 적극적으로 채택되고 있음을 보여줍니다. 일부 국가는 비트코인을 법정화폐로 채택하거나 경제 전략의 한 축으로 삼기도 하며, 압수한 비트코인을 자산으로 관리하는 등 다양한 방식으로 이를 수용하고 있습니다. 최근 트럼프 대통령은 미국 정부가 보유한 비트코인을 국가 전략 비축 자산에 포함시키는 행정명령에 서명하기도 했습니다. 이러한 흐름은 앞으로도 국가 단위에서 비트코인을 활용하는 사례가 더욱 늘어날 가능성을 시사합니다.

비트코인은
왜 만들어졌을까?

제 2 장

비트코인의 탄생 배경과 그 역사

지금까지 '최근 암호화폐 시장이 급격히 성장한 이유'에 관해 알아봤습니다. 이제는 비트코인이 가장 처음 시장에서 거래되던 시점으로 돌아가 보겠습니다. 암호화폐 시장은 20년이 채 되지 않은 신흥시장입니다. 주식 시장이 수백 년의 역사를 거치며 점진적으로 발전해 온 것과 달리, 암호화폐 시장은 디지털 기술과 블록체인 기술의 발전을 바탕으로 단기간에 많은 성과를 거두었습니다. 특히, 비트코인의 등장은 기존 금융 시스템에 대한 도전이자, 새로운 금융 패러다임의 출발점이 되었습니다.

먼저 비트코인 가격의 역사부터 살펴보겠습니다. 비트코인은 2009년, 처음으로 거래되었을 때 1달러에도 못 미치는 가격대였지만, 이후 몇 차례의 큰 변동을 겪으며 성장해

[비트코인 가격의 역사]

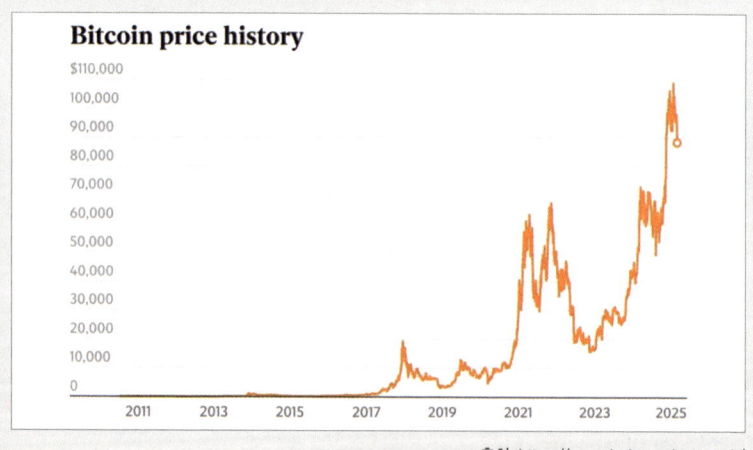

출처: https://www.independent.co.uk/

왔습니다. 단기적인 조정은 있었지만, 장기적으로 꾸준한 상승 흐름을 보였다는 점을 알 수 있습니다.

많은 초보 투자자들이 비트코인을 단순한 투자 수단이나 투기 대상으로 바라보지만, 그 본질을 이해하는 것은 똑똑한 투자 전략을 세우는 데 필수적입니다. 비트코인이 어떤 배경에서 탄생했으며, 기존 금융 시스템과는 무엇이 다른지를 알게 되면 단순히 가격 변동에 휘둘리는 것이 아니라 왜 장기적 가치가 논의되는지, 또 어떤 요소가 가격을 움직이는지를 이해하고 시장을 예측할 수 있습니다. 비트코인의 탄생을 아는 것은 단순한 지식이 아니라 투자 전략의 기본입니다.

'왜 비트코인이 만들어졌을까?'

이 질문에 대한 답을 찾는 것이야말로, 코인 생태계를 깊이 이해하는 첫걸음이 될 것입니다. 이제, 비트코인의 탄생 배경과 그 의미를 설명하겠습니다.

01
정체를 알 수 없는 비트코인 창시자

2009년 1월 3일, 세상에 첫 비트코인이 탄생했습니다. 비트코인을 탄생시킨 이는 '사토시 나카모토Satoshi Nakamoto'라는 정체불명의 인물 혹은 집단이었습니다.

흥미로운 점은, 이 이름이 일본식임에도 불구하고 그의 언어 스타일과 작업 시간대는 서구권과 더 밀접하다는 사실입니다. 사토시는 2008년, 비트코인의 백서를 발표하며 이 프로젝트를 세상에 알렸습니다. 이후 그는 2010년까지 인터넷 커뮤니티에서 활발히 활동하며 비트코인의 기초를 설계했습니다. 그러나 그해 이후 그는 흔적을 감추었고, 다시는 모습을 드러내지 않았습니다.

사토시는 누구였을까요?

사토시에 관해서는 많은 추측과 논란이 존재합니다. 2014년, 뉴스위크는 일본계 미국인 엔지니어 도리안 나카모토를 사토시로 지목했지만, 그는 이를 강력히 부인했습니다. 도리안은 캘리포니아에 거주하는 은퇴한 엔지니어로 이름과 기술적 배경이 일치한다는 이유에서였습니다. 그러나 도리안은 이와 관련된 모든 혐의를 강력히 부인하며, 비트코인과 자신은 아무런 관련이 없다고 주장했습니다. 흥미롭게도 이 보도 이후, 사토시는 '나는 도리안 나카모토가 아니다'라는 메시지를 남겨 오히려 사토시의 정체를 더욱 신비롭게 만들었습니다.

[사토시가 도리안 나카모토가 아니라며 올린 글]

출처: https://blog.bitmex.com

또 다른 후보로는 암호학자 할 피니Hal Finney가 자주 언급되는데, 그는 비트코인의 첫 거래를 받은 인물로, 사토시와 초기 이메일을 주고받은 기록이 있습니다.

[할 피니가 사토시 나카모토에게 받은 이메일]

---------- Forwarded message ----------
From: **Satoshi Nakamoto** <satoshi@vistomail.com> 보낸사람: 사토시 나카모토
Date: Sat, Jan 10, 2009 at 11:52 AM
Subject: RE:Crash in bitcoin 0.1.0
To: hal.finney@gmail.com 받는이: 할피니

* 사토시 나카모토의 답장
Normally I would keep the symbols in, but they increased the size of the EXE from 6.5MB to 50MB so I just couldn't justify not stripping them. I guess I made the wrong decision, at least for this early version. I'm kind of surprised there was a crash, I've tested heavily and haven't had an outright exception for a while. Come to think of it, there isn't even an exception print at the end of debug.log. I've been testing on XP SP2, maybe SP3 is something.

I've attached bitcoin.exe with symbols. (gcc symbols for gdb, if you're using MSVC I can send you an MSVC build with symbols)

Thanks for your help!
"크래시가 발생한 건 예상 밖이네요.
XP SP2에서는 여러 번 테스트했지만, SP3에서는 다를 수도 있겠어요.
디버깅이 가능하도록 심볼이 포함된 bitcoin.exe 파일을 첨부해서 보내드립니다."

>Hi Satoshi - I tried running bitcoin.exe from the 0.1.0 package, and
>it crashed. I am running on an up to date version of XP, SP3. The
>debug.log output is attached. There was also a file db.log but it was
>empty. "방금 비트코인 프로그램을 실행해봤는데, 몇 초 만에 충돌(crash)이 발생했어요."
>
>The crash allowed me to start up a debugger, but there were no
>symbols. The exception was at address 00930AF7. The displayed call
>stack was 942316 called by 508936.

출처: https://www.wsj.com

그는 암호학계에서 널리 존경받던 개발자이자, 비트코인의 첫 거래를 받은 인물입니다. 2009년 1월 12일, 사토시가 비트코인의 첫 블록을 생성한 직후, 할 피니는 비트코인을 전송받아 테스트를 진행했습니다.

사토시와 주고받은 이메일 기록이 공개되며 그의 정체에 대한 의문을 증폭시켰습니다. 흥미롭게도 할 피니는 사토시와 같은 지역에 거주한 적이 있으며, 두 사람의 문체와 코딩 스타일이 매우 흡사하다는 분석이 있었습니다. 그러나 할 피니는 루게릭병으로 투병하다 2014년에 세상을 떠났으며, 죽기 직전에도 자신은 사토시가 아니라고 부인하기도 했습니다. 사실 앞서 보여드린 문서는 WSJ(월스트리트저널)이 할 피니의 유족에게 직접 받은 이메일 원문을 바탕으로 공개한 자료입니다. 공개자료 원문을 볼 수 있는 사이트는 다음과 같습니다.

[사토시 나카모토와 할피니가 주고 받은 이메일 공개자료]

https://www.wsj.com/public/resources/documents/finneynakamotoemails.pdf

2009년 1월 10일부터 24일까지의 이메일 기록이 포함되어 있습니다. 할 피니가 사토시에게 보고한 버그와 사토시의 답변을 확인할 수 있습니다.

자신이 스스로 사토시라고 주장하는 이도 있습니다. 호주의 크레이그 라이트Craig Wright는 자신이 사토시라고 주장했습니다. 그는 이를 증명하기 위해 비트코인의 초기 블록과 관련된 암호화 서명을 제시했으나, 전문가들은 그의 주장을 반박하며 이를 조작된 증거로 간주했습니다. 라이트는 이후에도 끊임없이 자신의 주장을 펼쳤지만, 신뢰를 얻지 못한 채 법적 분쟁에 휘말리게 되었습니다. 결국 영국 법원으로부터 2024년 12월 19일, 12개월 징역형(2년 집행유예)을 선고받았습니다.

최근에는 사토시가 여러 명으로 구성된 팀일 가능성도 제기되고 있습니다. 비트코인 백서와 초기 코드의 복잡성을 고려할 때, 개인의 작업이라기보다는 협업의 결과일 가능성이 높다는 이유에서입니다. 사토시가 개인인지, 아니면 여러 명의 집단인지조차도 현재로서는 미스터리로 남아 있습니다.

하지만 사토시가 누구인지 모르는 이 '익명성'은 비트코인의 정체성을 그대로 반영합니다. 비트코인은 중앙 권력에 의존하지 않는 탈중앙화 시스템을 추구합니다. 시토시는 자신의 익명성을 통해 이 원칙을 실천한 셈이죠. 자기 자신을 드러내는 대신, 시스템이 알아서 작동되도록 설계했습니다.

02
2008년 금융위기가 탄생시킨 비트코인

비트코인의 탄생 배경을 이해하려면 2008년으로 거슬러 올라가야 합니다. 2008년, 금융위기는 전 세계 금융 시스템에 잊을 수 없는 충격을 남긴 사건입니다. 그 당시, 전 세계는 미국에서 시작된 글로벌 금융위기의 여파로 휘청거렸습니다. 우리나라 역시 예외는 아니었습니다. 당시 원·달러 환율은 연초 대비 약 50% 급등하며 경제 불안을 촉진시켰고, 주식시장도 큰 타격을 입어 2008년 한 해 동안 코스피 지수는 약 40% 폭락했습니다. 물가 상승으로 인해 휘발유 가격은 리터당 2,000원을 돌파하며 사상 최악의 수준을 기록하기도 했습니다.

2008년 금융위기의 원인은 무엇이었을까요?

그 중심에는 미국의 주택시장과 금융기관들이 있었습니다. 당시 많은 사람들이 부동산 투자에 열을 올리며 은행에서 돈을 빌려 주택을 구매했습니다. 문제는 은행이 대출 심사를 제대로 하지 않고, 돈을 갚을 능력이 부족한 사람들에게도 무분별하게 대출을 제공했다는 점이었습니다. 더 나아가, 은행들은 개별 대출을 보유하는 데 그치지 않고 여러 대출을 묶어 금융상품으로 만들어 이를 투자자들에게 판매했습니다.

하지만 미국의 주택 가격이 하락하면서 본격적으로 문제가 시작되었습니다. 대출받은 사람들 중 상당수가 주택 가격 하락으로 인해 집을 팔아도 대출금을 상환할 수 없는 상황에 직면했습니다. 이로 인해 대출이 부실화되었고, 은행들은 막대한 손실을 떠안게 되었습니다. 은행이 만든 금융 상품에 투자한 다른 기관들도 연쇄적으로 손해를 보며 시장 전반에 불안감이 확산됐습니다.

그 위기의 절정은 2008년 9월에 발생합니다. 미국의 대형 투자은행인 리먼 브라더스가 파산하면서 금융 시스템 전반이 흔들리기 시작했습니다. 리먼 브라더스의 파산은 단순히 한 기업의 문제가 아니었습니다. 리먼 브라더스 파산으로 인해 글로벌 금융시장에서는 유동성 위기가 발생

◆ **유동성 위기**: 금융 시스템 전반에서 현금(유동성)이 부족해지면서 정상적인 돈의 흐름이 막히고, 기업과 금융기관들이 심각한 자금 부족을 겪는 상황을 의미합니다.
◆ **베어스턴스**: 1923년 설립된 미국 투자은행으로, 2008년 금융위기 당시 파생상품 손실로 인해 2008년 3월 JP모건 체이스에 헐값에 매각되며 사실상 붕괴
◆ **리먼브라더스**: 1850년 설립된 글로벌 투자은행으로, 막대한 부채와 부실 채권 문제로 2008년 9월, 파산보호 신청 후 역사상 최대 규모의 금융회사 파산을 기록

[2008년 금융위기 당시 리먼브라더스, 베어스턴스의 주식 차트]

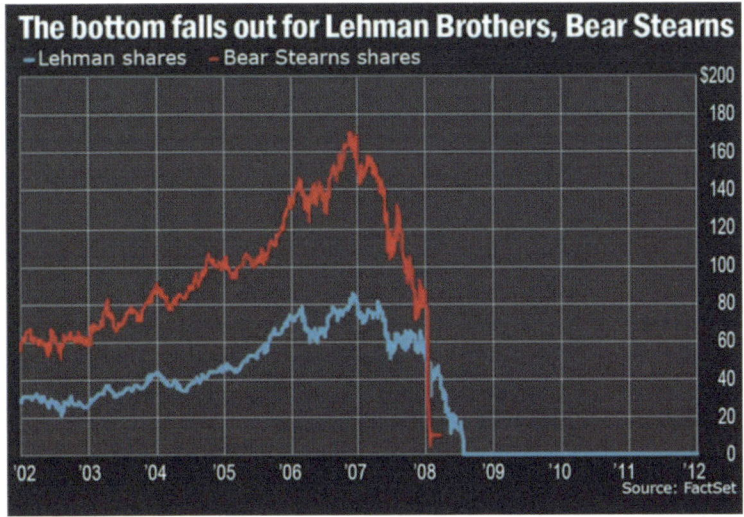

출처: https://technicalresources.in/

했고, 신용이 급격히 얼어붙으면서 다른 은행과 기업들도 부도 위기에 직면하게 되었습니다.

　이러한 상황에서 미국 정부는 '구제금융Bailout'이라는 명목으로 이들 은행을 구제하기 위해 막대한 자금을 투입했습니다. 중앙은행은 금리를 낮추며 더 많은 돈을 풀었습니다. 미국 정부는 최대 7,000억 달러(약 930조 원)를 투입해 금융 기관의 부실 자산(주택담보대출 증권 등)을 매입하거나 은행에 직접 자본을 투입했습니다.

　미국 중앙은행인 연방준비제도(연준) 또한 즉각적인 통화정책 완화를 단행했습니다. 기준금리를 급격히 인하해 2008년 말에는 사실상 제로 금리 수준(0~0.25%)에 도달했습니다. 추가적으로, 미국 중앙은행(연준)은 경제 위기를 막기 위해 시중에 대량의 돈을 푸는 비상 조치를 시행했습니다. 이를 '양적 완화QE, Quantitative Easing'라고 하는데, 쉽게 말해 경기침체를 막기 위해 중앙은행이 직접 돈을 찍어내 금융시장에 공급한 것입니다.

[2008년 글로벌 금융위기]

출처: https://www.thebalancemoney.com

무너져가는 미국 중앙 시스템을 살리기 위한 미국 정부의 이러한 선택이 과연 옳은 선택이었을까요?

이 물음에 대한 시장의 의견은 다양합니다. 양적 완화는 시장에 즉각적인 유동성을 공급하며 금융위기의 확산을 막는 데 기여했지만, 장기적으로는 여러 부작용을 초래하기도 했습니다. 자산 가격이 과도하게 상승하면서 자산 거품에 대한 우려가 제기되었습니다. 특히 주식 시장과 부동산 시장에서 이러한 현상이 두드러졌습니다. 양적 완화는 부의 불평등을 심화시켰다는 비판도 받았습니다. 자산을 보유한 상위 계층은 자산 가격 상승의 혜택을 본 반면, 저소득층은 상대적으로 불리한 위치에 머물렀기 때문입니다. 사토시는 이러한 미국 정부의 구제 금융에 대해 비판적인 시선을 가졌습니다. 더불어 사토시는 이와 같은 시대적 흐름을 정확히 포착하였습니다. 비트코인의 첫 번째 블록, 즉 '제네시스 블록Genesis Block'에는 다음과 같은 문장이 포함되어 있었습니다.

"The Times 03/Jan/2009 Chancellor on brink of second bailout for banks"

[2009년 1월 3일, 은행을 위한 두 번째 구제금융을 준비 중인 재무장관]

이는 비트코인의 창시자인 사토시가 기존 금융 시스템에 대한 불신과 반발을 표현한 것이었습니다. 사토시는 이 메시지를 통해 중앙은행이 지배하는 기존 금융 체제가 가진 한계를 비판하며 새로운 대안을 제시했습니다. 사토시는 기존의 금융 시스템인 중앙은행이 문제를 일으킬 수 있다고 전망했습니다. 예를 들자면, 중앙은행이 화폐를 발행하고 모든 거래를 통제하는데 만약 이들이 잘못된 결정을 내리면 많은 이들이 피해를 입을 수 있습니다. 개인의 입장에서는 자신의 돈을 100% 통제하지 못한다는 불편함도 있는 것이죠. 그는 기존 권력 구조를 벗어나, 개인이 자신의 금융 자산을 스스로 통제할 수 있는 환경을 만들고자 했습니다. 비트코인은 중앙은행이나 은행과 같은 금융 기관 없이도 사람들이 서로 돈을 주고 받을 수 있는 시스템입니다. 이처럼 2008년, 금융위기는 비트코인의 탄생을 촉진한 결정적 계기가 되었습니다. 우리는 이것을 '탈 중앙화'라고 부릅니다.

03
비트코인의 철학, 탈 중앙화

　탈 중앙화는 단순히 기술적인 개념이 아닙니다. 중앙화된 금융 시스템에서 은행과 정부는 거래와 통화를 독점적으로 통제하지만, 비트코인은 이와 정반대의 길을 제시합니다. 예를 들어보겠습니다. 우리가 은행에 돈을 맡기면, 모든 거래 내역은 은행이 기록하고 관리합니다. 즉, 은행이 우리의 돈을 보관하고, 송금하거나 결제할 때 이를 승인하는 역할을 합니다. 하지만 만약 은행의 서버가 고장나거나, 해킹을 당하거나, 심지어 은행이 파산한다면 어떻게 될까요? 거래가 불가능해지거나 심한 경우 예금한 돈을 잃을 수도 있습니다. 비트코인은 이러한 문제를 해결하기 위해 탈 중앙화된 방식으로 설계되었습니다. 즉, 은행과 같은 중앙 기관 없이도 사람들이 안전하게 돈을 주고받을 수 있도록 했습니다.

　비트코인의 네트워크는 블록체인 기술을 기반으로 운영됩니다. 블록체인은 모든 거래 내역을 기록하는 디지털 장부입니다. 하지만 이 장부는 은행처럼 한 곳에 저장되는 것이 아니라, 수많은 참여자(노드)들의 컴퓨터에 분산 저장됩니다. 누군가가 새로운 거래를 발생시키면, 네트워크에 참여한 모든 사람이 기존의 거래 기록을 확인하고 이를 검증합니다. 이 과정이 완료되면, 해당 거래는 블록체인에 기록되며 누구나 이를 확인할 수 있습니다. 이렇게 하면 누구도 거래 기록을 마음대로 조작할 수 없고, 중앙 기관 없이도 신뢰할 수 있는 거래 시스템이 유지될 수 있습니다. 기존 금융 시스템에서는 중앙 기관이 개인의 돈을 관리하고 승인해야 하지만, 비트코인은 개인이 직접 자신의 자산을 통제할 수 있도록 합니다.

이는 사토시가 백서에서 설명한 대로 '상호 신뢰가 필요 없는 새로운 거래 시스템'입니다. 탈 중앙화는 단순히 기술적 혁신이 아니라 기존 권력 구조에 대한 도전이었습니다. 이는 개인이 스스로 자신의 자산을 통제할 수 있는 권리를 되찾는 것을 의미합니다. 사토시 나카모토라는 익명의 창시자는 자신의 정체성을 숨긴 채 탈 중앙화라는 혁신적인 개념을 통해 글로벌 경제 질서를 재편하려 했습니다.

2008년, 금융위기의 혼란 속에서 태어난 비트코인은 중앙은행과 기존 금융기관에 대한 불신을 바탕으로 설계되었으며, 탈 중앙화를 통해 신뢰 문제를 해결하려는 시도를 보여줍니다. 오늘날 비트코인은 단순한 투자 자산을 넘어 글로벌 경제와 기술 혁신의 중심에 서 있으며, 앞으로도 그 영향력은 계속 확대될 것입니다.

제3장

블록체인,
정말 어려운 기술일까?

'비트코인이 사라지면 블록체인도 사라질까?'

아마도 초보 투자자들이 암호화폐 시장을 공부하는 데 가장 부담을 느끼는 부분은 기술적인 요소일 것입니다. 이번에는 암호화폐의 핵심 기술인 블록체인을 최대한 쉽게 설명해 드리겠습니다. 우선 이 질문에서부터 이야기를 시작해 보겠습니다.

'그렇다면 비트코인이 사라지면 블록체인도 사라질까요?'

블록체인과 비트코인의 관계는 '기술과 그 기술을 이용한 서비스' 같은 개념입니다. 예를 들어서 블록체인은 기술이고, 비트코인은 그 기술을 이용해서 만들어진 디지털 화폐입니다. 비트코인이 사라진다고 해서 블록체인 기술까지 없어지는 건 아닙니다. 비트코인은 블록체인을 활용한 수많은 사례 중 하나일 뿐입니다. 마치 인터넷이라는 기술이 존재하고, 인터넷을 이용해서 유튜브, 페이스북 등의 서비스가 있는 것과 비슷합니다. 유튜브나 페이스북이 사라져도 인터넷은 계속 남는 거죠. 비트코인이 설령 사라진다 해도, 블록체인 기술은 여전히 다른 곳에서 사용될 수 있습니다.

01
블록체인을 알아야 투자가 쉽다

'블록이란 무엇인가?'

블록체인에서 블록이 의미하는 바를 아시나요? 블록체인에서의 '블록'은 정보를 저장하는 디지털 단위를 뜻합니다. 쉽게 말해, 블록은 '거래 기록이나 데이터를 담은 디지털 상자'라고 생각하면 됩니다. 이 상자 안에는 특정 시간 동안 발생한 거래나 데이터가 기록되며, 이러한 블록들이 연속적으로 연결되어 체인을 이루는 것이 바로 블록체인입니다.

'블록이 쌓이는 원리'

블록체인은 마치 릴레이 경주처럼 작동합니다. 자, 릴레이 경주를 한다고 상상해 봅시다. 첫 번째 주자가 바통을 들고 출발하고, 다음 주자에게 그 바통을 넘겨줍니다. 바통에는 중요한 정보가 담겨있다고 가정합시다. 이 바통이 손에서 손으로 정확하게 전달되듯이, 블록체인에서도 블록이 정확한 순서로 만들어지고 전달됩니다. 릴레이 경주에서 바통은 순서대로 전달되어야 합니다. 앞선 선수가 바통을 제대로 넘겨야 다음 선수가 출발할 수 있습니다. 블록체인에서도 이전 블록(기록)이 확정되어야지만 다음 블록으로 이어지게 됩니다. 한 번 블록이 만들어지고 연결되면 이전 기록은 수정할 수 없습니다.

또 한 가지, 릴레이 경주는 관중 모두가 지켜보고 있습니다. 누가 바통을 몇 분 몇 초에 넘기는지 모두 다 확인할 수 있는 거죠. 블록체인도 마찬가지입니다. 모든 참여자가 기록이 어떻게 이어지는 실시간으로 확인할 수 있으며, 이 릴레이 경주 한 경기에 블록체인의 모든 면이 들어가 있습니다. 블록체인은 릴레이 경주처럼 작동합니다.

다시 말해 바통(블록)이 정보를 담고 순서대로 전달되며, 한 번 전달된 바통은 되돌릴 수 없습니다.

또한, 모든 사람이 이 경주를 지켜보고 있기에 기록이 투명하게 공개됩니다. 이렇게 블록체인은 정확하고 순서대로 정보를 쌓아가는 기술로 이해하시면 됩니다. 이쯤 되면, 이런 의문이 들 수도 있겠습니다.

'비트코인을 알아가는 데 굳이 블록체인 기술을 알아야 할까?'

블록체인은 비트코인의 핵심 기술입니다. 비트코인의 탄생과 채굴, 그리고 거래 과정을 이해하려면 블록체인의 작동 원리를 알아야 합니다. 더 나아가서 비트코인의 가치와 잠재력을 제대로 평가하려면 블록체인을 이해하는 것이 무척 중요합니다. 하지만 어렵게 생각할 필요가 전혀 없습니다. 릴레이 경주! 그것만 기억하세요.

02
비트코인은
어디에서 오는 걸까?

자, 이제 비트코인을 얻는 방법, 즉 '채굴'에 대해 이야기해 볼까요? 채굴 이야기는 비트코인 가격과도 밀접한 관련이 있어 매우 흥미롭습니다. 이런 생각을 해보신 적 있을 겁니다.

'우리가 거래소에서 거래하는 비트코인은 과연 어디에서 오는 걸까?'

비트코인은 주식과는 달리 특정한 회사가 발행하는 것이 아니라 채굴을 통해서 생성됩니다. 채굴이라고 하면 무엇이 떠오르시나요?

아마도 땅을 파서 금이나 다이아몬드를 캐내는 모습을 상상하실 겁니다. 비트코인 채굴도 이와 비슷한 개념이지만 일반적으로 금을 캐내는 것과는 다르게 조금 더 복잡한 과정을 거칩니다. 비트코인을 채굴하는 과정 중에는 해시값을 얻는 것이 있습니다. 이 해시값을 다시 릴레이 경주에 비유해보겠습니다.

릴레이 경주에서 바통은 단순히 주자들 간의 연결 도구가 아니라 팀의 정체성을 나타냅니다. 각 바통에 고유한 글자나 색상이 있다고 가정해 봅시다. 이를 통해 팀을 식별할 수 있습니다. 이는 블록체인의 해시값과 유사합니다. 해시값은 각 블록의 고유한 '디지털서명'으로 해당 블록의 내용이 변경되지 않았음을 증명합니다.

정해진 규칙에 맞게 바통(해시 값)을 만들어야만 다음 주자가 바통을 이어받아 경주를 계속할 수 있습니다. 마찬가지로, 블록체인에서도 이전 블록의 해시값이 현재 블록에 정확히 포함되어야만 새로운 블록이 유효하다고 인정받습니다. 블록체인에서 해시값은 각 블록의 고유한 '서명'으로, 블록이 정확하고 변함없이 저장되었음을 보장합니다. 채굴자들은 특정 조건을 만족하는 해시값을 찾기 위해 컴퓨터 프로그램을 돌려 끊임없이 시도합니다. 채굴자가 올바른 해시값을 찾게 되면, 새로운 블록을 생성할 권한을 얻고 그 보상으로 새로 발행된 비트코인을 얻게 됩니다. 이것이 바로 '채굴의 과정'입니다.

채굴자는 이렇게 얻은 비트코인을 거래소로 보내고, 이렇게 비트코인은 거래소에 유통됩니다. 채굴은 비트코인의 공급 과정을 책임지는 중요한 역할을 하며, 비트코인의 가치에도 영향을 미칩니다. 물론 채굴 과정에 대해 제대로 알아보려면, 더 방대한 설명이 필요합니다. 하지만 우리는 이 정도의 개념만 알고 있어도 비트코인이 어떻게 만들어지고 왜 거래소에 공급되며 왜 신뢰받는 디지털 자산인지 충분히 이해할 수 있을 것입니다.

'개인투자자도 채굴을 할 수 있을까?'

비트코인이 처음 등장했을 당시에는 개인 컴퓨터의 CPU만으로도 쉽게 채굴이 가능했습니다. 실제로 비트코인의 창시자, 사토시 나카모토 역시 자신의 개인 컴퓨터를 이용해 초기 블록을 채굴했죠. 하지만 시간이 지나면서 비트코인이 점점 더 많이 주목받게 되었고, 채굴에 참여하는 사람들도 급격히 증가했습니다. 많이 사람들이 채굴에 참여하게 되면서 특정 해시값을 찾는 경쟁이 더욱더 치열해졌고 이에 따라 채굴 난이도 역시 상승했으며, 더 강력한 하드웨어가 필수적으로 요구되는 환경이 되었습니다.

비트코인 네트워크는 약 10분에 한 개의 블록이 생성되도록 설계되어 있습니다. 이는 비트코인의 창시자인 사토시 나카모토가 처음부터 설정한 중요한 규칙입니다. 하지만 채굴에 참여하는 사람이 많아지면 블록을 찾는 속도가 예상보다 빨라질 수 있습니다. 그러면 원래 목표였던 '10분에 한 개'라는 블록 생성 주기가 깨지게 됩니다. 이를 방지하기 위해 비트코인의 운영 규칙은 약 2주(2,016개의 블록)마다 채굴 난이도를 자동으로 조정합니다. 다시 말해 난이도를 높혀 '10분에 한 개'라는 블록 생성 주기를 맞추는 것이죠.

비트코인의 가치가 상승하면서 채굴은 단순한 취미 활동을 넘어 하나의 산업으로 자리 잡았습니다. 현재 비트코인 채굴은 대규모 데이터 센터에서 운영되는 전문적인 사업으로 탈바꿈했으며, 일반 사용자가 직접 참여하기에는 높은 에너지 비용과 특수한 하드웨어 요구 등 여러 장벽이 존재합니다. 이러한 변화로 인해, 비트코인 채굴은 초기의 개인 중심 활동에서 현재는 거대한 산업으로 발전하게 되었습니다.

[스웨덴에 위치한 채굴장 모습]

출처: 코인데스크

03
비트코인 가격을 결정짓는 '반감기'

'채굴과 반감기'

앞서, 제가 채굴의 원리가 비트코인 가격과 연관되어있다는 이야기를 드렸습니다. 아주 흥미로운 점 한 가지가 있습니다. 비트코인은 4년에 한 번씩 특별한 이벤트가 찾아옵니다. 바로 '반감기_{Halving}'입니다. 이 이벤트는 비트코인 생태계의 심장 박동과도 같습니다. 반감기가 다가올 때마다 시장은 긴장과 기대 속에서 요동치고, 가격 역시도 큰 변화를 겪습니다.

그렇다면 반감기가 왜 이렇게 중요한 걸까요?

비트코인은 총 발행량이 2,100만 개로 제한되어 있습니다. 이 제한된 공급량을 유지하기 위해, 비트코인은 채굴 보상을 주기적으로 절반으로 줄이는 반감기를 설계했습니다. 예를 들어, 초기에는 채굴자들이 한 블록을 채굴할 때마다 50개의 비트코인을 보상으로 받았지만, 현재는 그 보상이 3.125개로 줄어들었습니다.

2009년: 블록 보상 50 BTC

2012년: 블록 보상 25 BTC

2016년: 블록 보상 12.5 BTC

2020년: 블록 보상 6.25 BTC

2024년: 블록 보상 3.125 BTC

채굴과 비트코인 가격의 상관관계가 깊은 이유는 바로 이 채굴 보상 때문입니다. 경제학의 기본 원리, 수요와 공급의 원리를 떠올려봅시다. 공급이 줄어들면 수요가 일정하거나 증가할 때 가격은 상승합니다. 비트코인 반감기는 점점 비트코인의 공급이 더 어려워지게 만듭니다. 하지만 시간이 지날수록, 비트코인은 유명해지고 비트코인을 찾는 사람들도 많아집니다. 이는 시장에서 비트코인의 희소성을 더욱 부각시킵니다. 즉, 비트코인 가격 상승을 촉발하는 큰 원인이 됩니다.

과거 반감기와 가격 변화

비트코인은 지금까지 총 네 번의 반감기를 경험했습니다. 흥미롭게도, 각 반감기 이후에는 일정한 패턴이 반복되었습니다.

[반감기 시기마다 비트코인 가격의 움직임]

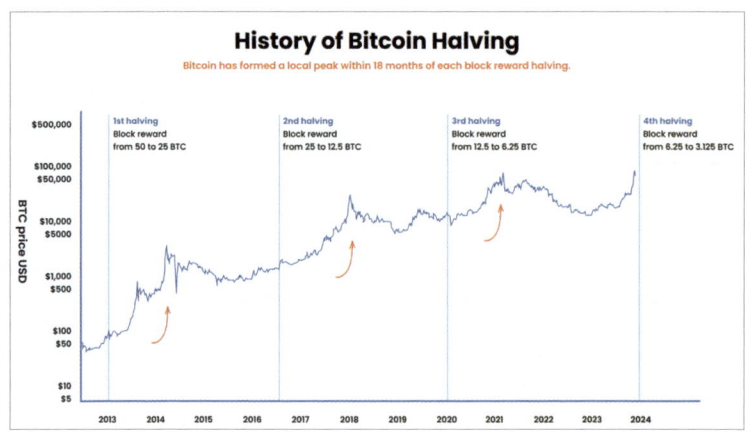

출처: https://learn.swyftx.com

1. 첫 번째 반감기 (2012년 11월 28일)

반감기 전 블록 보상: 50 BTC ⇒ 반감기 후: 25 BTC

반감기 전 비트코인 가격: 약 10달러

반감기 후 가격 변화:

반감기 이후 가격이 빠르게 상승

2013년 말까지 1천 달러 이상으로 폭등

2. 두 번째 반감기 (2016년 7월 9일)

반감기 전 블록 보상: 25 BTC ⇒ 반감기 후: 12.5 BTC

반감기 전 비트코인 가격: 약 6백 달러

반감기 후 가격 변화:

반감기 이후 상승세 지속

2017년 말 비트코인 역사상 첫 2만 달러 돌파

3. 세 번째 반감기 (2020년 5월 11일)

반감기 전 블록 보상: 12.5 BTC ⇒ 반감기 후: 6.25 BTC

반감기 전 비트코인 가격: 약 9천 달러

반감기 후 가격 변화:

2021년 초 비트코인 가격 6만 달러 돌파

4. 네 번째 반감기 (2024년 4월 19일)

반감기 전 블록 보상: 6.25 BTC ⇒ 반감기 후: 3.125 BTC

반감기 전 비트코인 가격: 약 6만5천 달러

반감기 후 가격 변화:

2024년 말 비트코인 가격 10만 달러 돌파

우리는 이제 네 번째 반감기를 맞이했습니다. 이 이벤트는 단순히 암호화폐 시장의 가격 변동을 넘어, 비트코인의 본질과 설계 철학을 다시금 조명하게 만듭니다. 일부 전문가들은 이번 반감기가 이전과는 다른 양상을 보일 것이라고 예상하지만, 그 결과가 어떻든 반감기 자체는 비트코인의 핵심적인 메커니즘을 이해하는 데 중요한 단서가 됩니다.

'반감기를 투자의 관점에서만 바라보지 않아도 충분히 흥미롭습니다'

사토시 나카모토가 설계한 비트코인의 구조는 단순한 기술적 혁신을 넘어 경제적 원리를 반영한 자산이라고 볼 수 있습니다. 공급량을 제한하고, 시간이 지날수록 채굴 보상을 줄이는 이 시스템은 희소성을 기반으로 한 자산의 가치를 극대화하도록 설계되었습니다. 이는 비트코인이 디지털 자산임에도 불구하고 금과 같은 희소 자산으로 부각되는 이유 중 하나입니다.

2,100만 개라는 총 발행량이 모두 채워지는 순간, 더 이상 새로운 비트코인은 발행되지 않습니다. 그 시점 이후에는 이미 채굴된 비트코인만으로 거래가 이루어지게 됩니다. 이는 비트코인이 '희소성'이라는 특성을 더욱 강화하며, 다른 어떤 자산과도 차별화되는 이유를 보여줍니다. 희소성은 단순히 '공급이 제한된다'는 의미를 넘어, 비트코인이 디지털 시대의 새로운 가치 저장 수단으로 자리 잡을 수 있는 가능성을 열어줍니다.

결국, 반감기는 단순한 기술적 이벤트를 넘어 비트코인의 철학과 미래를 엿볼 수 있는 이벤트이기도 합니다. 우리는 지금 이 역사적인 순간에 함께하고 있으며, 사토시 나카모토의 설계가 얼마나 치밀했는지를 한 번 더 깨닫게 되는 시점에 서 있습니다.

다시 한번 더 여러분들께 묻겠습니다. "비트코인의 가치는 어디서 오는 걸까요?"

여기까지 읽으셨다면 비트코인의 가치에 대해서 어느 정도 이해하셨을 겁니다. 비트코인의 가치는 여러 요소에서 옵니다. 총 2,100만 개라는 희소성, 중앙 정부 시스템에 의존하지 않는 탈 중앙화, 특정 국가, 기관, 개인의 신뢰에서 비롯됩니다. 결국, 더 많은 사람들이 비트코인을 가치 있다고 믿고 사용할수록 그 가치는 더욱 상승하게 되는 겁니다.

시가총액 상위 알트코인 알아보기

'비트코인만 있는 건 아니잖아요?'

비트코인의 탄생은 현재의 암호화폐 생태계를 만드는 계기가 되었습니다. 이후 2세대 코인인 이더리움이 등장하면서 시장은 더욱 확대되었고, 다양한 암호화폐 프로젝트들이 본격적으로 개발되기 시작했습니다. 알트코인 Altcoin은 비트코인을 제외한 모든 암호화폐를 의미합니다. 여기서 알트 Alt는 얼터너티브 Alternative, 대안을 뜻하며, 초기 알트코인은 비트코인에서 시도하지 않던 새로운 기능을 추가하는 것을 목표로 만들어졌습니다.

현재 암호화폐 시장에는 다양한 알트코인이 존재합니다. 2024년 기준, 전 세계적으로 약 20,000개 이상의 암호화폐가 존재하며, 이 중 상당수는 비활성 상태이거나 시장에서 큰 역할을 하지 않습니다. 활성화된 암호화폐는 약 9,000개 정도로 추정됩니다.

초보 투자자는 먼저 시가총액 상위의 알트코인을 이해하는 것이 중요합니다. 프로젝트별로 알트코인을 분류하여 시장 트렌드를 반영한 알트코인을 고르는 것이 투자 측면에서도 훨씬 더 유리합니다. 알트코인 투자는 높은 수익을 기대할 수 있지만, 가격 변동성이 크고 각각의 알트코인이 가진 프로젝트들은 실패할 가능성도 있습니다. 따라서, 알트코인 하나하나가 가진 기술적·경제적 가치를 신중하게 평가하는 것이 중요합니다. 알트코인을 본격적으로 알아보기에 앞서, 알트코인 사이클에 대한 역사부터 살펴보겠습니다.

사람들은 왜 알트코인에 이토록 열광하는가

바로 '상승률' 때문에 사람들은 알트코인에 관심이 높습니다. 지금까지 암호화폐 시장은 총 네 차례의 대규모 상승장 Bull Run 을 경험했습니다. 매번 상승장이 펼쳐질 때마다 비트코인은 새로운 가격 기록을 세웠으며, 그와 함께 알트코인 시장도 활황을 맞이했습니다. 특히, 상승장의 후반부에는 '알트시즌 Altseason'이라 불리는 현상이 반복되었는데, 이 시기에는 알트코인들이 비트코인보다 더 큰 상승세를 보이며 시장의 중심으로 떠오르곤 했습니다.

실제로 2024년, 미 대선 이후 상승장에서 비트코인과 이더리움보다 일부 알트코인의 수익률이 더 좋았습니다. 암호화폐 데이터 분석 전문 기업인 카이코 Kaiko 는 최근 보고서

[2024년 섹터별 코인 수익률]

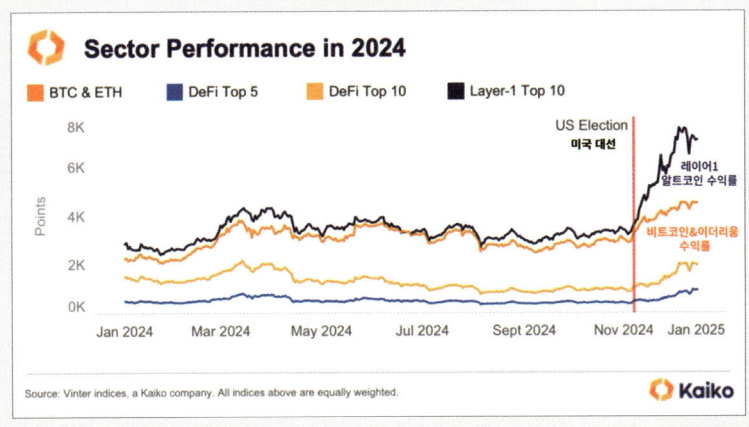

출처: 카이코

를 통해 '주요 레이어1 프로젝트 코인 상위 10개는 미 대선 이후로 평균 120% 넘게 오르며 비트코인과 이더리움을 능가하며 최고의 성과를 거뒀다'라고 밝히기도 했습니다. 대표적으로 지난 1년간 XRP는 464% 상승했으며, 도지코인은 250%의 상승률을 기록하기도 했습니다. 이는 비트코인 상승률 대비해서도 월등히 높은 수치입니다.

레이어1 코인이란?

레이어1 코인은 블록체인의 기본 네트워크를 의미합니다. 쉽게 말해, 비트코인이나 이더리움처럼 자체적인 블록체인을 가진 코인을 뜻합니다.

· 주요 레이어1 코인

비트코인BTC ⇒ 결제용 블록체인

이더리움ETH ⇒ 스마트 계약 실행 플랫폼

솔라나SOL, 카르다노ADA, XRP ⇒ 이더리움처럼 독립적인 네트워크

미국 대선 이후 레이어1 코인들이 비트코인과 이더리움보다 강력한 상승세를 보였습니다. 특히 솔라나SOL, XRP, 카르다노ADA가 이 상승장을 주도하였으며, 일부 코인은 사상 최고치 또는 수년 내 최고치를 경신했습니다.

그럼 이제 역사적으로 암호화폐 상승장에 알트코인이 어떤 성과를 냈는지 자세히 살펴보겠습니다.

주요 상승장의 흐름

① 2011~2013년: 암호화폐 시장의 첫 번째 불장

2011년 6월, 비트코인 가격은 31.91 달러에 도달하며 초기 상승세를 보였습니다. 이후 2011년 11월부터 본격적인 상승장이 시작되었으며, 암호화폐 시장에 대한 관심이 증가했습니다. 이 시기에는 라이트코인, XRP 등 초기 알트코인들이 등장하며 시장이 점차 확장되었습니다. 2013년 11월, 비트코인 가격이 처음으로 1천 달러를 돌파하면서 암호화폐에 대한 관심이 급증했습니다.

② 2015~2017년: 비트코인의 대중화와 ICO 열풍

2015년부터 시작된 두 번째 상승장에서는 개인 투자자뿐만 아니라 더 많은 사람들이 암호화폐 시장에 주목하기 시작했습니다. 특히, 2017년에는 ICO^{Initial Coin Offering} 열풍이 불면서 수많은 새로운 알트코인 프로젝트들이 등장했고, 투자자들의 기대감이 크게 증폭되었습니다. 2017년 12월, 비트코인 가격이 1만9천783 달러에 도달한 후 알트코인 시장이 본격적으로 활성화되었으며, 일부 알트코인들은 비트코인의 상승폭을 뛰어넘는 강세를 보였습니다.

ICO란 새로운 암호화폐 프로젝트가 자금을 모금하기 위해 사용하는 방식을 말합니다. 이는 주식 시장에서의 IPO^{Initial Public Offering}와 유사하지만, 암호화폐 시장에서 사용됩니다.

③ 2020~2021년: 기관 투자자들의 참여와 새로운 패러다임

2020년부터 시작된 상승장은 기관 투자자들의 적극적인 시장 진입으로 새로운 국면을 맞이했습니다. 초기에는 비트코인이 주목받았으나, 점차 이더리움을 비롯한 주요 알트코인들로 관심이 확산되었습니다.

2021년 4월, 비트코인 가격이 6만4천800 달러에 도달하며 사상 최고치를 경신했으며, 이후 디파이(DeFi, 탈 중앙화 금융)와 NFT(대체불가능토큰) 프로젝트들이 부상하면서 새로운 암호화폐 트렌드를 형성했습니다.

④ 2025년, 새로운 상승장의 주역은?

4번째 상승장에서 주목받는 알트코인들은 과연 어떤 모습일까요? 암호화폐 시장의 흐름은 항상 변화하지만, 과거 상승장의 패턴을 살펴보면 이번 불장에서도 비트코인이 강력한 주도권을 쥐는 초반 단계를 거쳐 이후 다양한 알트코인들이 주목받는 국면이 나타날 가능성이 높습니다. 어떤 프로젝트들이 차세대 시장의 중심이 될지, 우리는 새로운 패러다임을 주목해야 할 시점입니다.

안전한 알트코인 투자를 위해서는 시가총액 상위의 알트코인과 시장 트렌드를 반영하는 알트코인 위주로 분석하고 투자하는 것이 바람직합니다. 이에 따라, 시장에서 활발히 거래되며 많이 거론되는 대표적인 알트코인에 관해 최대한 쉽게 설명하겠습니다. 암호화폐 시장도 주식 시장과 마찬가지로 시가총액으로 코인의 규모를 파악할 수 있습니다. 우선, 시가총액별로 코인들을 살펴보겠습니다.

암호화폐 시가총액과 실시간 가격을 볼 수 있는 몇 가지 사이트를 소개하겠습니다.

[암호화폐 시가총액을 볼 수 있는 사이트]

https://coinmarketcap.com/

https://www.coingecko.com/ko

https://www.livecoinwatch.com/

https://www.advfn.com/cryptocurrency/coins

그럼 이제 본격적으로 시가총액 상위 5개의 알트코인에 대해 살펴보겠습니다.

01
이더리움(ETH):
비트코인의 한계에서 시작된 아이디어

'암호화폐가 단순히 돈을 주고받는 데만 쓰이기엔 아깝다! 블록체인을 활용해 더 많은 일을 할 수는 없을까?'

비트코인이 처음 등장했을 때 한 젊은 프로그래머는 이런 질문을 던졌습니다. 바로 이 질문에서 출발한 것이 이더리움입니다. 비탈릭 부테린Vitalik Buterin은 2013년, 이더리움 개념을 구상하고 백서를 발표했으며, 이후 개발이 진행되었습니다. 2015년 7월 30일, 이더리움은 정식 네트워크 버전인 '프론티어Frontier'를 출시하며 세상에 등장했습니다. 이더리움은 단순히 코인을 주고받는 기능뿐 아니라 스마트 계약이라는 기능을 처음 도입했습니다.

조금 더 쉽게 비유를 하자면 비트코인이 안전하게 자산을 보관하고, 가치 저장과 거래에 집중하는 역할을 하는 디지털 금고와 같다면 이더리움은 스마트 컴퓨터와 비슷합니다. 단순한 거래뿐만 아니라, 스마트 계약을 활용해 다양한 금융 서비스나 애플리케이션을 실행할 수 있는 플랫폼이죠. 즉, 비트코인은 가치 저장에 초점을 맞춘 디지털 자산, 이더리움은 자유롭게 프로그램할 수 있는 블록체인 환경이라고 이해하면 쉽습니다. 이더리움 네트워크에서 사용되는 기본 암호화폐 역시 '이더 ETH'라고 불립니다. 우리가 인터넷을 기반으로 유튜브, 구글, 인스타그램과 같은 다양한 서비스를 이용하듯, 이더리움은 블록체인 기반 서비스들의 플랫폼 역할을 수행합니다. 이더리움의 특징을 몇 가지 키워드로 설명해보겠습니다.

· **스마트 계약**

이더리움의 가장 큰 특징은 바로 스마트 계약입니다. 스마트 계약이란, 특정 조건이 충족되었을 때 자동으로 실행되는 프로그램입니다. 예를 들어, 어떤 사람이 집을 빌리는 계약을 스마트 계약으로 체결한다고 가정해 보겠습니다.

세입자가 임대료를 암호화폐로 지급하면 스마트 계약이 자동으로 확인하고 조건이 충족되었을 경우, 집의 디지털 키를 세입자에게 전달하는 방식입니다. 이러한 방식으로 중개업체(부동산, 은행 등) 없이도 거래가 자동으로 이루어집니다. 이는 블록체인 플랫폼을 활용해서 거래 비용을 줄이고, 계약의 신뢰성을 높이는 역할을 합니다.

· 업그레이드

이더리움은 초창기 몇 가지 중요한 문제에 직면했습니다. 이더리움이 처음 나왔을 때는 초당 약 15~20개 거래밖에 처리할 수 없었습니다. 반면, 우리가 일상적으로 사용하는 비자VISA 카드 결제 시스템은 초당 1,700개 이상의 거래를 처리할 수 있습니다. 이렇게 비교해 보면, 이더리움 네트워크는 사람들이 많이 사용할수록 더 느려질 수밖에 없는 구조였죠.

이더리움 네트워크 사용 비용 역시도 큰 문제로 떠올랐습니다. 이를 '가스비'라 부르는데, 가스비는 블록체인을 운영하는 데 필요한 비용이라고 볼 수 있습니다. 이더리움 가스비는 네트워크가 한가할 때는 낮지만, 사용자가 많아지면 함께 오르는 구조였습니다. 어떤 거래를 하려고 하는데 수수료가 100달러(약 13만 원) 이상으로 급등하는 경우도 있었습니다. 이처럼 가스비가 너무 비싸지면 소액 거래를 하는 사람들에게는 큰 부담이 될 수밖에 없었습니다.

이러한 문제를 해결하기 위해, 이더리움 개발자들은 지속적으로 네트워크를 개선해 왔습니다. 그중 가장 중요한 변화는 바로 이더리움 2.0 업그레이드입니다. 이더리움 2.0은 네트워크의 속도를 높이고, 수수료 부담을 줄이며, 보다 많은 사용자를 수용할 수 있도록 업그레이드하는 과정입니다. 이러한 업그레이드를 통해 이더리움은 더 빠르고, 비용이 적게 들며, 더 많은 사용자를 수용할 수 있는 블록체인으로 발전하고 있습니다. 앞으로도 계속 변화하면서, 이더리움은 블록체인 산업에서 중요한 플랫폼으로 자리 잡을 것입니다.

· 이더리움과 알트코인 상승장의 관계

이더리움은 비트코인 다음으로 시가총액이 큰 암호화폐로, 알트코인 시장에서 중요한 역할을 합니다. 일반적으로 비트코인의 가격이 급등하거나 급락할 때, 시장의 관심은 비트코인에 집중됩니다. 하지만 비트코인이 일정한 가격에서 횡보하는 시기가 오면, 투자자들은 더 높은 수익을 기대하며 이더리움을 비롯한 다양한 알트코인으로 관심을 돌리는 경향이 있습니다. 이더리움은 시가총액이 크고, 거래량이 풍부한 대표적인 알트코인으로서, 이더리움의 가격 상승이 다른 알트코인의 상승을 이끄는 경우가 많습니다. 특히, 이더리움이 강세를 보이면 투자심리가 확산되면서 알트코인 시장 전반이 활성화되는 분위기가 조성됩니다.

이처럼 이더리움의 가격 흐름은 알트코인 시장 전체의 방향성을 결정하는 중요한 지표가 될 수 있으며, 투자자들은 비트코인뿐만 아니라 이더리움의 움직임을 주의 깊게 살펴보는 것이 중요합니다.

02
XRP:
국외 송금의 혁신

많은 사람들이 XRP 회사가 2012년에 설립되었다고 알고 있지만, 사실 XRP의 시작은 2004년으로 거슬러 올라갑니다. 캐나다의 웹 개발자 라이언 퍼거Ryan Fugger는 기존 은행 시스템을 거치지 않고도 안전하게 돈을 이체할 수 있는 새로운 방식의 온라인 송금 시스템을 만들고자 했습니다. 그는 이러한 개념을 바탕으로 2005년, '리플 페이RipplePay'라는 플랫폼을 개발했습니다.

리플 페이의 핵심 개념은 '신뢰선Trust Lines'이었습니다. 사용자가 서로 신뢰하는 관계를 설정하면, 중개자 없이 직접 금융 거래를 할 수 있도록 설계된 시스템이었죠. 이는 금융 기관을 거치지 않고도 빠르고 효율적인 결제가 가능하게 하는 아이디어였습니다. 시간이 지나면서 리플페이는 새로운 형태로 발전하게 되었고, 2012년에는 이를 기반으로 한 회사인 리플랩스Ripple Labs가 설립되었습니다. 리플랩스는 비트코인처럼 채굴이 필요 없는, 빠르고 효율적인 송금 네트워크를 구축하는 것을 목표로 했습니다. 이를 통해 국제 송금을 몇 초 만에 처리하고, 기존 금융 시스템의 높은 수수료 문제를 해결하려 했습니다.

· **XRP의 특징과 활용**

XRP는 레저**XRP Ledger**라는 특별한 네트워크를 사용합니다. 쉽게 말해, XRP 레저는 전 세계 어디서든 몇 초 만에 돈을 보낼 수 있도록 돕는 시스템입니다. 이 시스템에서 사용되는 것이 바로 XRP라는 암호화폐입니다. XRP는 국제 송금을 빠르고 저렴하게 처리하는 데 최적화되어 있습니다. XRP가 기존 은행 시스템보다 효율적인 이유는 다음과 같습니다.

- **빠른 거래 속도:** 일반적인 국제 송금은 1~5일이 걸리지만, XRP를 이용하면 몇 초 만에 거래가 완료됩니다.
- **낮은 수수료:** 기존 은행 시스템보다 훨씬 저렴한 비용으로 송금할 수 있습니다.
- **금융 기관과의 협업:** 산탄데르**Santander**, 아메리칸 익스프레스**American Express** 등 글로벌 금융 기업들이 XRP의 기술을 테스트하거나 도입했습니다.

이러한 강점을 바탕으로 XRP는 국제 송금을 빠르고 저렴하게 처리하는 솔루션으로 자리 잡았습니다.

· **XRP의 법적 분쟁**

XRP는 2020년 말, 미국 증권거래위원회SEC와의 법적 분쟁에 휘말렸습니다. SEC는 XRP를 증권(주식과 유사한 자산)으로 간주하며 법적 문제를 제기했습니다. 이 사건은 XRP 가격에 큰 영향을 미쳤으며, 암호화폐 시장에서도 큰 논란을 불러일으켰습니다.

하지만 최근 트럼프 행정부가 암호화폐 친화적인 정책을 추진하면서, XRP의 법적 분쟁이 유리하게 흘러갈 수 있다는 전망이 나오고 있습니다. 트럼프 대통령은 최근 비트코인, 이더리움, XRP 등 주요 암호화폐를 미국 전략 자산으로 지정하겠다고 발표하며, 암호화폐 시장에 긍정적인 영향을 미쳤습니다.

트럼프 행정부는 SEC의 암호화폐 규제 집행을 완화하는 방향으로 정책을 조정하고 있습니다. 이에 따라 XRP와 SEC의 소송이 합의로 마무리 국면에 들어섰으며, 미 법무부의 승인만을 남겨두고 있습니다. 특히, 이러한 기대감이 반영되면서 XRP 가격은 최근 상승장에서 급등하는 모습을 보였습니다. 현재 XRP는 법적 문제를 해결하는 동시에 금융 기관과 협력하며 빠르고 저렴한 국제 송금 솔루션으로 입지를 다지고 있습니다.

· **XRP 스테이블코인 RLUSD 출시**

2024년 12월 17일, XRP는 미국 달러에 연동된 스테이블코인인

RLUSD를 출시했습니다. 스테이블코인은 암호화폐 시장에서 중요한 역할을 하는 자산으로, 가격 변동성이 거의 없다는 점이 특징입니다(스테이블코인에 대한 자세한 내용은 뒤에서 다루겠습니다).

XRP는 그동안 XRP라는 암호화폐를 국제 송금에 활용해 왔습니다. XRP는 빠르고 효율적인 송금을 가능하게 하지만, 가격 변동성이 크다는 단점이 있었습니다. 예를 들어, 송금을 진행하는 동안 XRP의 가치가 변하면 예상과 다른 금액이 전송될 수 있는 위험이 있습니다.

이러한 문제를 해결하기 위해 XRP는 RLUSD를 출시했습니다. RLUSD는 미국 달러와 1:1로 가치가 고정되어 있어, 변동성 없이 안정적인 결제 수단으로 활용될 수 있습니다. 현재 스테이블코인 시장의 규모는 약 2,000억 달러(약 260조 원)에 달하며, 테더USDT와 USD코인USDC이 가장 널리 사용되고 있습니다. RLUSD는 이러한 강력한 경쟁자들 사이에서 XRP의 네트워크 기술을 기반으로 빠른 속도와 낮은 수수료를 강점으로 삼아 시장 점유율을 확대할 가능성이 큽니다.

03
솔라나(SOL):
이더리움 킬러

솔라나 Solana는 빠르고 효율적인 블록체인을 목표로 개발된 프로젝트입니다. 기존 블록체인은 보안성과 탈 중앙성을 중시하는 구조이기 때문에, 거래 속도가 상대적으로 느리고, 사용자가 많아지면 네트워크가 혼잡해져 수수료가 높아지는 한계가 있었습니다. 비트코인과 이더리움은 각각 초당 7건, 15건 정도의 거래만 처리할 수 있어 확장성이 제한적이었습니다. 이러한 한계를 극복하기 위해 솔라나는 '이더리움 킬러'로 불리며 빠른 처리 속도와 낮은 수수료를 앞세워 경쟁력을 키워왔습니다. 솔라나 개발자인 아나톨리 야코벤코 Anatoly Yakovenko는 이를 해결하기 위해 '역사 증명 Proof Of History, PoH'이라는 새로운 개념을 도입했습니다.

PoH는 블록체인에 시간 개념을 추가하여 거래 순서를 효율적으로 정하는 기술입니다. 기존 블록체인에서는 거래 순서를 결정하는 데 많은 연산이 필요했지만, PoH는 거래마다 타임스탬프를 부여해 검증 과정을 단축시킵니다. 이를 통해 솔라나는 초당 최대 65,000건 이상의 거래를 처리할 수 있으며, 수수료도 거의 0에 가깝습니다. 이런 장점으로 인해, 현재 솔라나 블록체인 위에서 다양한 프로젝트들이 적극적으로 활용되고 있습니다.

· 솔라나의 활용 분야

솔라나는 높은 처리 속도와 저렴한 거래 수수료를 강점으로 하는 블록체인 플랫폼입니다. 이러한 특징 덕분에 다양한 분야에서 활용되고 있으며, 빠르게 성장하는 생태계를 구축하고 있습니다. 특히 탈 중앙화 금융DeFi, NFT 및 블록체인 게임, 결제 시스템 등에서 활발히 사용되고 있는 중입니다.

- **탈 중앙화 금융**DeFi: 은행 없이 대출과 이자를 제공하는 서비스가 다양하게 개발되고 있습니다.
- **NFT 및 블록체인 게임**: 저렴한 거래 비용 덕분에 디지털 아트, 게임 아이템 거래에서도 인기 있는 플랫폼입니다.
- **결제 시스템**: 일부 기업들이 솔라나를 결제 수단으로 채택하고 있으며, 소액 결제에도 적합합니다.

그러나 솔라나가 완벽한 것은 아닙니다. 가장 큰 문제는 네트워크 안정성으로, 2022년 한 해에만 다섯 차례의 네트워크 중단을 경험했습니다. 이는 시장의 신뢰를 떨어뜨리는 요인이 되기도 했습니다. 솔라나의 네트워크를 운영하는 노드(서버 역할을 하는 컴퓨터)를 가동하려면 고성능 장비가 필요합니다. 이 때문에 운영할 수 있는 사람들이 제한적이며, 일부 대형 기업이나 기관이 네트워크를 장악할 가능성이 있다는 우려도 나오고 있습니다. 즉, 블록체인의 중요한 원칙인 '탈 중앙화(한 곳에 권력이 집중되지 않는 구조)'의 원칙과 맞지 않는다는 의미입니다. 이에 따라 솔라나 개발팀은 네트워크 안정성 개선과 탈 중앙화 강화를 위한 연구를 지속하고 있으며, 새로운 업데이트를 통해 문제 해결을 시도하고 있습니다.

솔라나는 블록체인의 대중화에 중요한 역할을 할 프로젝트로 평가받고 있습니다. 빠른 속도와 낮은 수수료는 기존 블록체인의 한계를 극복하는 데 큰 장점이므로, 지속적인 기술 발전과 안정성이 뒷받침된다면 더 많은 기업과 개발자들이 솔라나 생태계에 참여할 것으로 예상됩니다.

04
카르다노(ADA):
이더리움의 한계 극복을 위해!

카르다노Cardano는 비트코인과 이더리움이 가진 문제를 해결하기 위해 탄생한 3세대 블록체인입니다. 카르다노는 블록체인의 이름이며, 이 플랫폼에서 사용되는 네이티브 코인이 에이다ADA입니다. 쉽게 설명하면 다음과 같습니다. 카르다노가 '운영 체제'라면, 에이다는 그 안에서 사용되는 '화폐'라고 볼 수 있습니다. 이 프로젝트는 이더리움 공동 창립자였던 찰스 호스킨슨Charles Hoskinson이 주도하여 개발하였으며, 블록체인의 확장성과 효율성을 높이는 것을 목표로 하고 있습니다.

◆ **네이티브 코인**: 카르다노 블록체인에서 기본적으로 활용되는 공식 암호화폐

카르다노는 기존 블록체인의 한계를 극복하고, 보다 안정적이고 확장성 높은 금융 서비스를 제공하는 플랫폼이 되고자 합니다. 특히, 은행 시스템이 부족한 개발도상국에서도 금융 서비스를 쉽게 이용할 수 있도록 지원하는 것을 중요한 목표로 삼고 있습니다.

· **카르다노의 핵심 기술과 특징 - '에너지를 절약하는 블록체인 시스템'**

비트코인은 새로운 블록을 만들기 위해 여러 컴퓨터가 복잡한 연산을 수행하며 경쟁하는 방식입니다. 이 과정에서 막대한 전력이 소모되며, 거래 처리 속도도 상대적으로 느립니다. 반면, 카르다노는 이러한 방식 대신 '순번제'와 같은 방식으로 블록을 생성할 수 있도록 설계했습니다. 비트코인의 방식이 '달리기 경주'와 같다면, 카르다노는 '순서를 정해 차례대로 진행하는 방식'을 채택한 것입니다. 이를 통해 불필요한 전력 소모를 줄이고 거래를 더 빠르고 효율적으로 처리할 수 있습니다.

· **높은 확장성과 낮은 거래 비용**

카르다노는 사용자가 많아질수록 네트워크 속도가 느려지는 기존 블록체인의 문제를 해결하는 데 초점을 맞추고 있습니다. 특히, '히드라 Hydra'라는 기술을 통해 거래 속도를 대폭 향상시키는 연구를 진행 중이며, 이를 통해 초당 처리할 수 있는 거래 수TPS를 획기적으로 증가시키는 것을 목표로 하고 있습니다. 또한, 상대적으로 낮은 수수료로 운영되어 더 많은 사용자가 부담 없이 활용할 수 있는 환경을 제공합니다.

· 카르다노 에이다의 시장 경쟁력

카르다노는 이더리움과 유사하게 스마트 계약 기능을 지원하면서도 보안성과 효율성을 더욱 강화한 방식으로 운영됩니다. 이를 기반으로 다양한 탈 중앙화 금융 서비스DeFi와 NFT 프로젝트들이 카르다노 블록체인 위에서 활성화되고 있으며, 탈 중앙화 거래소DEX와 디지털 자산 시장에서 점점 더 많은 활용 사례가 나타나고 있습니다. 더불어 카르다노는 지속적인 네트워크 업그레이드를 통해 보안성과 성능을 개선하고 있으며, 2024년 '장 하드 포크Chang Hard Fork'를 통해 시스템을 더욱 안정적으로 만들었습니다.

더불어, 카르다노는 특정 기업이나 기관이 아닌, ADA를 보유한 누구나 네트워크 운영에 직접 참여할 수 있도록 설계되었습니다. 이는 단순한 투자 수단을 넘어 커뮤니티 중심의 생태계를 형성하고 있으며, 사용자들이 네트워크의 발전에 기여할 수 있도록 돕고 있는 중입니다.

· 카르다노 에이다의 미래 전망

카르다노는 암호화폐 시장에서 중요한 알트코인 중 하나로 자리 잡고 있습니다. 지속적인 기술 개발과 업그레이드를 통해 성능을 개선하고 있으며, 친환경적인 블록체인 운영 방식을 도입해 지속 가능성을 강조합니다. 금융 서비스 이용이 어려운 국가나 지역에서도 블록체인을 활용한 금융 솔루션을 제공하려는 노력을 기울이는 중입니다. 이러한 요소들이 카르다노가 앞으로도 신뢰받는 블록체인 네트워크로 성장하는 데 중요한 역할을 할 것으로 기대됩니다.

카르다노는 기존 블록체인의 단점을 보완하고, 더 많은 사람들이 쉽게 사용할 수 있는 플랫폼을 목표로 발전하고 있습니다. 앞으로 카르다노의 기술 개발 속도와 생태계 확장이 성장의 핵심 요소가 될 것입니다.

05
도지코인: 일론머스크가 만든 코인?

도지코인은 일론머스크 코인으로 알려져 있기도 하죠. 도지코인을 일론머스크가 만들었다고 오해하는 분들이 많습니다. 하지만 도지코인은 IBM 출신의 소프트웨어 엔지니어인 빌리 마커스**Billy Markus**와 어도비**Adobe** 마케팅 전문가인 잭슨 팔머**Jackson Palmer**가 협력해 개발한 암호화폐입니다. 2013년, 두 명의 엔지니어가 재미 삼아 시작한 프로젝트가 오늘날 전 세계적으로 유명한 암호화폐가 될 것이라고 누가 예상할 수 있었겠습니까?

당시 비트코인의 복잡한 기술적 개념과 지나치게 심각한 분위기를 풍자하고, 가볍고 유쾌한 암호화폐를 만들고자 했던 것이 도지코인의 시작이었습니다. 도지코인은 출시 당시 인터넷에서 폭발적으로 유행하던 시바견 밈**Meme**에서 영감을 받았습니다. 웃는 듯한 표정을 짓고 있는 시바견 이미지는 '재미'와 '친근함'의 상징이 되었고, 도지코인의 마스코트로 자리 잡았습니다. 본래는 장난삼아 만들어졌지만, 이 코인은 인터넷 커뮤니티와 밈 문화의 상징으로 빠르게 자리 잡으며 주목받기 시작했습니다.

· 도지코인과 일론 머스크

테슬라 CEO이자 스페이스X의 창립자인 일론 머스크Elon Musk는 도지코인을 '인터넷의 화폐'라며 여러 차례 언급해 큰 화제를 불러일으켰습니다. 그는 트위터를 통해 '도지 아버지Dogefather'라는 별명을 자처했고, 그의 트윗은 도지코인의 가격에 즉각적인 영향을 미쳤습니다. 2021년, 일론 머스크가 도지코인을 지원하는 발언과 유머러스한 트윗을 자주 올리면서, 도지코인의 가격은 단기간에 급격히 상승했습니다.

특히 일론 머스크의 민간 우주 기업인 스페이스X가 진행하는 'DOGE-1' 달 탐사 미션 프로젝트의 비용 전체를 도지코인으로 결제한다고 발표한 사건은 도지코인의 대중적 인지도를 크게 높였습니다. 이러한 이유 때문에 도지코인은 '머스크 코인'이라는 별명을 얻으며 더 많은 사람들에게 알려졌습니다.

· 도지코인 커뮤니티의 힘

기술적인 혁신보다는 커뮤니티 중심의 성장이 도지코인의 가장 큰 특징입니다. 도지코인은 유쾌한 인터넷 문화를 반영하는 동시에, 적극적인 사회 활동과 기부 문화를 형성해 왔습니다.

· **대표적인 도지코인 기부 사례**

- **케냐 우물 프로젝트(Doge4Water, 2014년):** 도지코인 커뮤니티는 크라우드펀딩을 통해 약 3만 달러를 모금하여, 아프리카 케냐의 가뭄 지역에 우물을 설치했습니다.

- **인도 코로나19 구호 기부(2021년):** 코로나19 팬데믹 당시, 도지코인 커뮤니티는 인도의 산소 부족 문제 해결을 위해 수십만 달러 상당의 기부금을 모아 의료 지원을 제공했습니다.

- **동물 보호 단체 후원:** 도지코인의 마스코트가 시바견인 만큼, 유기견 보호소와 동물 보호 단체에도 지속적으로 기부가 이루어지고 있습니다. 도지코인 커뮤니티는 이러한 활동을 통해 단순한 '밈 코인'을 넘어, 긍정적인 변화를 만들어가는 역할을 해오는 중입니다.

· **도지코인을 둘러싼 논란과 비판**

도지코인의 성공 뒤에는 물론 비판도 따릅니다. 일부 전문가들은 도지코인이 특별한 기술적 혁신이 없고, 개발 속도가 느리다는 점을 지적합니다. 도지코인은 총 발행량이 제한된 비트코인과 달리 무제한 공급 정책을 채택하고 있어 매년 일정량의 새로운 코인이 발행됩니다. 이러한 구조는 인플레이션을 유발할 가능성이 있어 장기적인 투자 가치 측면에서 불리하다는 평가를 받기도 합니다. 이런 특성으로 인해 도지코인은 흔히 장기적인 가치 저장 수단보다는 단기적 투기 수단이나 온라인 커뮤니티에서의 밈Meme 문화의 결과물로 여겨지는 경우가 많습니다. 그러나 반대로 이런 점이 소액 결제 및 팁 문화에 적합하다는 평가를 받으며, 여전히 강력한 커뮤니티 지지를 받고 있는 것도 사실입니다.

도지코인은 여전히 높은 인기를 자랑하며 2025년 현재, 약 300억 달러에 이르는 시가총액을 기록하고 있습니다. 이는 단순히 암호화폐가 아니라, 인터넷 커뮤니티와 문화적 상징으로 자리 잡은 도지코인의 독특한 위치를 보여줍니다. 그 배경에는 커뮤니티의 강한 결속력과, 암호화폐를 통해 새로운 문화를 만들어가려는 사람들의 노력이 있습니다. 밈에서 시작된 이 작은 암호화폐가 인터넷 문화와 커뮤니티의 상징으로 암호화폐 생태계에 얼마나 오래 자리 잡을지는 지켜볼 만한 가치가 있습니다.

06
미국 정부가 밀어주는 스테이블코인

암호화폐 시장에 발을 들인 초보자라면 '스테이블코인'이라는 단어를 처음 들었을 때 조금 낯설게 느껴질 수 있습니다. 하지만 스테이블코인은 암호화폐 세계를 이해하고 투자하는 데 있어 반드시 알아야 할 개념 중 하나입니다. 특히, 트럼프 행정부가 들어서면서 스테이블 코인의 중요도는 더욱더 커졌습니다.

스테이블코인은 암호화폐의 높은 변동성을 해결하기 위해 탄생한 안정적인 디지털 자산으로, 투자와 거래를 보다 안전하고 효율적으로 만들어주는 역할을 합니다. 법정화폐(달러, 유로 등)나 금과 같은 자산의 가치를 디지털로 그대로 옮겨 놓은 형태라고 할 수 있습니다. 예를 들어, 1개의 스테이블코인은 항상 1달러의 가치를 유지하도록 설계되었습니다. 이를 통해 암호화폐 세계에서도 '가격이 변하지 않는 디지털 화폐'라는 독특한 역할을 수행하며, 점점 더 많은 사람들이 필요로 하는 핵심 자산으로 자리 잡고 있습니다.

· 스테이블코인, 쉽게 이해하기

스테이블코인을 이해하기 쉽게 설명하자면, 카지노 칩에 비유할 수 있습니다. 카지노에서 현금을 칩으로 교환한 후 게임에 사용하고, 다시 현금으로 바꾸듯이 스테이블코인은 암호화폐 세계에서 법정화폐를 대신해 사용됩니다. 스테이블코인은 법정화폐와 암호화폐를 연결하는 다리 역할을 하며, 암호화폐 생태계에서 법정화폐(달러, 원화 등)의 가치를 그대로 유지하는 디지털 자산입니다. 스테이블코인은 크게 세 가지 방식으로 운영됩니다.

1. 법정화폐 담보 스테이블코인

실제 달러USD나 유로EUR 같은 법정화폐를 은행에 보관하고 이를 바탕으로 발행되는 방식입니다. 가장 대표적인 예로는 테더(USDT), USD 코인(USDC) 등이 있습니다.

- **테더USDT**: 가장 오래되고 널리 사용되는 스테이블코인으로, 암호화폐 거래소에서 가장 많이 사용됩니다.
- **USD 코인USDC**: 미국 코인베이스Coinbase와 서클Circle이 발행하며, 투명성과 규제를 준수하려는 노력을 강조하는 스테이블코인입니다.

2. 암호화폐 담보 스테이블코인

이더리움ETH 같은 암호화폐를 담보로 잡고 발행되는 스테이블코인입니다. 탈 중앙화된 구조를 가지지만, 담보로 잡힌 암호화폐 가치가 변동할 수 있어 추가적인 담보가 필요할 수도 있으며, 대표적으로 DAI가 있습니다.

- **DAI**: 메이커다오MakerDAO가 발행하는 탈 중앙화 스테이블코인으로, 암호화폐 담보를 통해 가치가 유지됩니다.

3. 알고리즘 기반 스테이블코인

특정 자산을 담보로 하지 않고, 알고리즘을 이용해 공급량을 조절하여 가격을 안정적으로 유지하는 방식입니다. 하지만 시장 충격에 취약해 실패 사례도 있었습니다. 대표적으로 UST(테라USD)가 있습니다.

- **UST**: 한때 성공적인 스테이블코인으로 평가받았으나, 2022년 붕괴하며 알고리즘 기반 스테이블코인의 한계를 드러냈습니다.

2025년 현재, 스테이블코인의 시장 규모는 약 2,000억 달러를 초과하며 지속적으로 성장하고 있습니다. 특히 USDT와 USDC가 시장 점유율의 대부분을 차지하고 있으며, 전통 금융기관에서도 스테이블코인을 활용하려는 시도가 늘어나고 있습니다.

스테이블코인은 다양한 상황에서 활용됩니다. 암호화폐 거래소에서는 비트코인이나 이더리움처럼 가격 변동성이 큰 자산 대신 스테이블코인을 사용해 거래를 더 안정적으로 할 수 있습니다. 국외 송금에서도 기존 은행 시스템보다 저렴한 비용으로 가능하며, 환율 변동의 영향을 줄일 수 있는 수단으로 주목받는 중입니다. 일부 국가에서는 일상적인 결제나 경제적 불안정 상황에서 가치 저장 수단으로도 쓰이고 있습니다.

국외 거래소 이용 시 스테이블코인을 사용하면 훨씬 더 효율적인 이유

국내에서 국외 거래소를 이용할 때, 스테이블코인은 필수적인 거래 수단으로 자리 잡고 있습니다. 대부분의 국외 거래소는 미국 달러USD를 기준으로 운영되는데, 직접 달러를 입금하려면 높은 수수료와 환율 변동 위험이 있으며, 복잡한 절차로 인해 번거로울 수 있습니다. 하지만 국내 거래소에서 스테이블코인을 구매한 후 국외 거래소로 전송하면, 빠르고 효율적으로 거래를 시작할 수 있게 됩니다. 원화로 직접 거래할 수 없는 환경에서도 복잡한 환전 과정 없이 달러와 동일한 가치의 자산을 암호화폐 시장에서 편리하게 사용할 수 있는 것입니다. 이 부분은 국외 거래소 이용편에서 더 자세히 다루겠습니다.

이제 스테이블코인의 개념이 한층 더 명확해졌을 것입니다. 스테이블코인은 암호화폐를 처음 시작하는 투자자들에게도 꼭 알아야 할 중요한 개념입니다. 특히 트럼프 행정부가 들어서면서 스테이블코인에 대한 관심이 더욱 급증하고 있으며, 이를 육성하려는 움직임도 뚜렷하게 나타나고 있습니다. 이로 인해 정부와 금융기관의 적극적인 참여도 이어지는 중입니다. 앞으로도 규제 환경의 발전과 함께 스테이블코인의 역할과 중요성은 더욱 커질 것으로 전망됩니다.

알트코인 분류 어떻게 할까?
알트코인 분류로
쉽게 투자하기

'비트코인만 있는 건 아니잖아요?'

앞서 시가총액 상위별로 주요 알트코인들에 대해 자세히 알아봤습니다. 이젠 프로젝트별로 알트코인을 분류해 보겠습니다. 상승장마다 주목받는 알트코인은 각각 달랐습니다. 각 알트코인이 어떤 역사와 기술력을 지니고 있는지 상세하게 알 필요까진 없지만, 알트코인에 관심 있는 투자자라면 어떤 프로젝트의 코인이 현재의 대세, 즉 트렌드에 맞는 코인인지는 필수적으로 알아두는 것이 좋습니다.

과거의 패턴을 볼 때, 현재 상승장의 후반부에 접어들면 이들 알트코인이 비트코인보다 더 높은 수익률을 보일 가능성이 있습니다. 그러나 투자자들은 알트코인 시장의 높은 변동성과 위험성을 항상 염두에 두어야 합니다. 과거의 패턴이 항상 미래를 보장하지는 않으며, 각 프로젝트의 기술적 가치와 실용성, 전체 시장 상황을 종합적으로 고려하여 투자 결정을 내려야 합니다. 더불어 암호화폐 시장의 규제 환경 변화와 기술 발전 속도 등 외부 요인들도 주의 깊게 관찰해야 할 것입니다.

시장 트랜드를 반영한 알트코인

암호화폐 시장은 과거에 비트코인**BTC**과 이더리움**ETH**이 주도하던 것에서 벗어나 점점 더 다양하고 세분화된 형태로 발전하고 있습니다. 특히, 특정한 산업(섹터) 또는 테마에 맞추어 성장하는 알트코인들이 주목받고 있으며, 이는 주식 시장에서 특정 산업군이 형성되는 것과 유사합니다. 2025년 기준으로 주목받고 있는 대표적인 암호화폐 섹터는 다음과 같습니다.

01
RWA 코인: 실물 자산에 블록체인 기술을 접목

RWA는 Real World Asset리얼 월드 에셋의 줄임말로 부동산, 예술품 등 실물 자산에 블록체인 기술을 접목하여 코인화한 것으로 이해하면 됩니다. 부동산, 예술품 등 가치 있는 자산을 블록체인에 올려 거래를 하겠다는 것을 의미합니다.

이렇게만 이야기하면 감이 잘 안잡히시죠? 예를 들어, 한 건물의 가치를 쪼개서 많은 사람들이 소유할 수 있게 된다고 생각해 봅시다. 건물을 직접 사지 않아도 건물의 가치를 쪼개어 토큰으로 소유할 수 있는 거죠. 지분을 나눠가진다고 생각하면 됩니다. 이렇게 하면 비교적 적은 돈으로도 다양한 자산에 투자할 수 있게 됩니다. 이걸 가능하게 하는 기술력을 가진 것이 RWA코인입니다. 디지털 자산이 아닌 진짜 실물 자산을 디지털 방식으로 변환한 것입니다.

· 대표적인 RWA 코인

온도 파이낸스 Ondo Finance

실물 자산과 디지털 자산을 연결하는 플랫폼으로, 다양한 자산의 토큰화를 지원합니다. 이는 투자자들이 이전에는 접근하기 어려웠던 자산에 쉽게 투자할 수 있는 환경을 조성합니다. 온도 파이낸스는 주로 전통적인 금융 상품인 채권과 부동산을 블록체인에 연결하여, 투자자들에게 안정적인 수익을 제공하는 데 중점을 둡니다.

만트라 Mantra

다양한 실물 자산을 토큰화하는 프로젝트로, 탈 중앙화 금융 DeFi 서비스를 제공합니다. 스테이킹, 대출, 거버넌스 기능을 갖추고 있으며, 사용자가 플랫폼 운영에 참여할 수 있는 커뮤니티 기반 거버넌스를 강조합니다.

센트리퓨즈 Centrifuge

실물 자산을 활용해 디파이 생태계를 강화하는 프로젝트입니다. 부동산과 대출 같은 자산을 블록체인에 연결하여, 투자자들에게 새로운 금융 기회를 제공합니다. 이를 통해 디파이 시장에서 실물 자산의 유동성을 높이는 역할을 합니다.

오리진트레일OriginTrail

RWA를 활용한 공급망 관리 프로젝트입니다. 이더리움 기반의 플랫폼으로, 기업과 협력하여 공급망 관련 자산을 디지털화하고 있습니다. AI 기술과도 접목되어 있어 데이터 신뢰성을 높이는 데 기여합니다.

펜들Pendle

자산의 유동성을 극대화하는 플랫폼으로, 다양한 자산을 토큰화하여 시장의 효율성을 높입니다. 특히 유동성 제공자들에게 유리한 환경을 만들어, 투자자들이 보다 쉽게 자산을 거래할 수 있도록 돕습니다.

· RWA 코인의 전망

RWA 코인은 글로벌 금융 기업들이 본격적으로 진입하면서 더욱 성장할 것으로 보입니다. RWA는 기관 투자자들이 암호화폐 시장에 진입하는 관문 역할을 할 가능성이 높습니다. RWA의 주요 장점은 접근성 향상, 유동성 증가, 투명성 및 보안입니다. 이전에는 접근하기 어려웠던 고가의 자산을 분할하여 소액 투자자도 쉽게 참여할 수 있도록 하며, 부동산, 미술품 등 비유동 자산을 토큰화하여 거래가 용이해지게 합니다. 또한, 블록체인 기술을 활용하여 자산의 소유권과 거래 기록을 투명하게 관리할 수 있습니다.

2025년에만 RWA 시장 규모가 50억 달러에 이를 것으로 예상되며, 이는 전통적인 자산 관리 시장에 큰 변화를 가져올 수 있습니다. RWA 기술의 발전은 전통 금융과 암호화폐 간의 격차를 줄여줄 것으로 보입니다. 이는 더 많은 기관 투자자들이 암호화폐 시장에 진입하는 계기가 될 수 있습니다.

02
AI 코인:
인공지능과 블록체인 기술을 결합

전 세계 사업과 시장에서 AI의 영향력을 상당히 커져만 갑니다. 암호화폐 시장도 마찬가지입니다. AI 코인은 인공지능 AI와 블록체인 기술을 결합하는 데 초점을 맞춘 코인들을 이야기합니다. 블록체인상에서도 인공지능은 다양하게 사용될 수 있습니다. AI 코인은 다음과 같은 주요 분야에서 활용됩니다.

- **데이터 분석**: AI는 방대한 데이터를 빠르게 분석하여 패턴을 찾아내고, 블록체인 기술은 데이터의 투명성과 보안을 보장합니다. 이를 통해 데이터 기반 의사결정을 보다 신뢰할 수 있게 됩니다.

- **자동화된 트레이딩**: AI는 실시간으로 시장 데이터를 분석하고 최적의 매매 전략을 자동으로 실행할 수 있습니다. 이를 통해 트레이더들은 보다 효율적인 거래를 할

수 있으며, 감정적인 판단을 배제한 객관적인 투자가 가능합니다.

- **AI 모델 학습**: AI가 블록체인상에서 학습 데이터를 관리하고 검증하는 방식으로 활용됩니다. 블록체인은 데이터의 무결성을 보장하며, 탈 중앙화된 방식으로 AI 학습 모델을 운영할 수 있도록 지원합니다.

- **보안 및 스마트 계약**: AI는 스마트 계약을 최적화하고, 사기 탐지 및 보안 강화를 위해 활용될 수 있습니다. AI 기반의 알고리즘이 블록체인 내에서 의심스러운 거래를 감지하고 자동으로 대응하는 역할을 할 수도 있습니다.

- **분산형 컴퓨팅**: AI 모델을 학습하는 데 필요한 높은 연산력을 분산 네트워크를 통해 효율적으로 활용할 수도 있습니다. 블록체인을 통해 글로벌 컴퓨팅 파워를 공유하면서, AI 모델의 학습 속도를 높이고 비용을 절감할 수 있게 됩니다.

· **대표적인 AI 코인**

싱귤래리티넷SingularityNET, AGIX

AI 서비스 마켓플레이스를 제공하며, 개발자가 AI 알고리즘을 사고팔 수 있도록 돕습니다. 의료, 로봇공학 등 다양한 분야에서 활용됩니다.

페치에이아이Fetch.ai, FET

자율 에이전트가 데이터를 분석하고 의사결정을 내릴 수 있는 플랫폼입니다. 물류 최적화나 스마트 도시 구축에 사용됩니다.

오션 프로토콜Ocean Protocol, OCEAN

데이터를 안전하게 공유하고 수익화할 수 있는 플랫폼으로, 데이터 소유자가 데이터를 판매하거나 활용할 수 있게 돕습니다.

뉴메레르Numeraire, NMR

AI 기반의 헤지펀드 플랫폼으로, 데이터 과학자들이 모델을 제출해 투자 전략을 개선합니다.

코르텍스Cortex, CTXC

AI 모델을 블록체인 스마트 계약에 통합하여 실행할 수 있도록 지원합니다.

· AI 코인의 전망

AI 시장이 급성장함에 따라, 데이터 공유 및 AI 트레이딩 관련 블록체인 기술도 더욱 주목받을 전망입니다. AI의 발전과 함께 블록체인 기반 데이터 보안 및 검증 기술도 필요해지면서 AI 코인의 활용도가 증가할 가능성이 큽니다. 이처럼 AI 코인은 블록체인과 결합하여 다양한 산업과 기술 발전에 기여하고 있으며, 앞으로 더욱 큰 성장이 기대되는 분야입니다.

03
밈코인(Meme Coin):
유행과 커뮤니티의 힘

앞서 도지코인을 통해 설명드린 것처럼, 밈코인은 특정한 기술적 가치보다는 커뮤니티의 유행, 대중의 관심에 의해 가격이 형성되는 암호화폐입니다. 초기에는 단순한 장난으로 시작된 코인들이었지만, 지금은 일부 프로젝트들이 실제 사용 사례를 만들면서 지속적으로 성장하고 있습니다.

· **대표적인 밈코인**

도지코인 DOGE

2013년, 소프트웨어 엔지니어 빌리 마커스 **Billy Markus**와 잭슨 팔머 **Jackson Palmer**에 의해 일본 시바견의 이미지를 활용한 인터넷 밈에서 영감을 받아 만들어졌습니다. 빠른 송금과 낮은 수수료를 특징으로 하며, 일론 머스크 등의 유명 인사들의 지지를 받아 인기를 얻었습니다. 일부 기업에서는 결제 수단으로 도지코인을 테스트하고 있습니다.

시바이누 SHIB

2020년 8월, 익명의 개발자 '료시'에 의해 만들어졌으며, 도지코인의 라이벌로 종종 '도지코인 킬러'로 불립니다. 총 1,000조 개의 토큰을 발행하였으며, 그 중 절반은 소각하거나 자선단체에 기부되었습니다. 탈중앙화 거래소인 시바스왑을 운영하며, 디파이 및 NFT 분야에서 활용도를 높이고 있습니다.

BONK 본크

2022년 12월, 솔라나 Solana 블록체인 기반으로 출시된 밈코인으로, 솔라나 커뮤니티에 대규모 에어드랍을 실시하여 관심을 끌었습니다. 에어드랍은 암호화폐 시장에서 특정 암호화폐를 보유한 사람에게 투자 비율에 따라 신규 코인이나 코인을 무상으로 지급하는 것을 뜻합니다. 솔라나 밈코인 중에서도 대표적인 코인으로 분류되며, 일부 플랫폼에서는 결제 수단으로 사용되고 있습니다.

PEPE 페페코인

유명한 인터넷 밈인 '개구리 페페'를 테마로 2023년 4월 16일 출시된 이더리움 기반 암호화폐입니다. 출시 이틀 만에 보유자 수가 1만 명을 돌파할 정도로 빠르게 인기를 끌었습니다. 커뮤니티의 강력한 지지를 받고 있으며, 많은 투자자들이 주목하고 있습니다.

TRUMP 트럼프코인

2025년 1월 17일, 도널드 트럼프 미국 대통령이 자신의 이름을 딴 밈코인 '$TRUMP'를 출시하였습니다. 출시 직후 급등하여 시가총액이 140억 달러를 넘어섰으나, 이후 급락하는 등 높은 변동성을 보였습니다. 트럼프 계열사가 코인의 80%를 보유하고 있어 이해 충돌 논란이 제기되었으며, 투자자들의 손실도 발생하였습니다.

04
결제 및 거래 관련 코인

전통적인 금융 시스템과 블록체인을 결합하여 결제, 송금, 금융 서비스에 특화된 암호화폐 프로젝트도 꾸준히 성장하고 있습니다.

· 대표적인 결제 관련 코인

XRP

XRP는 XRP 네트워크에서 사용되는 암호화폐로, 국제 송금을 빠르고 저렴하게 할 수 있도록 돕는 역할을 합니다. XRP는 여러 글로벌 은행 및 금융 기관과 협력하여 송금 속도를 높이고 비용을 줄이는 데 집중합니다. 산탄데르**Santander**, 아메리칸 익스프레스**American Express**, PNC 파이낸셜 서비스**PNC Financial Services**, 스탠다드 차타드**Standard Chartered**와 같은 대형 금융 기관들이 XRP와 협력하고 있습니다.

스텔라루멘XLM, Stellar

스텔라루멘은 국제 송금을 쉽고 저렴하게 할 수 있도록 설계된 블록체인 네트워크입니다. 스텔라 합의 프로토콜Stellar Consensus Protocol, SCP이라는 자체 기술을 이용해 빠르고 저렴한 거래를 가능하게 합니다. 네트워크 내에서 사용되는 루멘Lumen, XLM이라는 코인을 통해 거래 수수료를 낮추고, 다양한 통화 간의 교환을 쉽게 할 수 있습니다. 스텔라루멘는 특히 국외 송금 비용이 높은 국가에서 더 저렴한 대안으로 활용되고 있으며, 앵커Anchors라는 시스템을 통해 현지 통화와 암호화폐 간의 변환을 원활하게 해 줍니다.

셀로CELO

셀로는 모바일 기반 금융 서비스를 제공하는 블록체인 프로젝트입니다. 특히 은행 서비스 이용이 어려운 개발도상국에서 스마트폰만 있으면 누구나 쉽게 금융 서비스를 이용할 수 있도록 설계되었습니다. 셀로는 가격 변동성을 줄이기 위해 스테이블코인Stablecoin, 안정적인 디지털 화폐을 활용하여 금융 거래의 안정성을 높이고, 보다 많은 사람들이 안전하게 디지털 화폐를 사용할 수 있도록 돕고 있습니다.

· **결제 코인의 전망**

암호화폐가 전통적인 금융 시스템과 더욱 결합하면서, 실제 결제 수단으로 채택되는 프로젝트가 증가할 것으로 예상됩니다. 특히 XRP와 스텔라루멘은 이미 여러 금융 기관과 협력하여 국제 송금 시스템을 개선하고 있으며, 이러한 협력 관계가 더욱 확대될 것으로 보입니다. 또한, 셀로와 같은 프로젝트는 개발도상국에서의 금융 접근성을 높이는 데 기여할 것으로 기대됩니다. 그러나 규제 환경과 시장 상황에 따라 이러한 프로젝트의 성공 여부는 달라질 수 있습니다.

05
영원한 강자는 없는 '코인 시장'

앞서 우리는 다양한 알트코인들에 관해 설명했습니다. 이더리움 ETH, XRP, 솔라나 SOL, 카르다노 ADA, 도지코인 DOGE 등의 주요 코인뿐 아니라, 최근 시장에서 주목받고 있는 AI, RWA, 밈코인 등 트렌드에 맞는 섹터별 코인들도 함께 살펴보았습니다. 각각의 프로젝트가 어떤 기술적 배경과 내러티브를 지니고 있는지, 왜 시장에서 주목받고 있는지를 살펴보는 과정이었습니다. 그러나 이 시점에서 중요한 점 하나를 짚고 넘어가는 것이 좋습니다. 바로 '상위 알트코인은 매년 바뀐다'는 사실입니다.

금융 시장, 특히 투자 시장 전반의 특징 중 하나는 변동성입니다. 암호화폐 시장도 마찬가지입니다. 이러한 점은 단순히 가격의 등락뿐 아니라, 시가총액 기준 상위 코인의 순위 변화에서도 명확하게 드러납니다.

[시가총액 상위 10개의 암호화폐 변화]

출처: https://cryptorank.io/

위의 이미지에 나타난 데이터는 2016년부터 2025년까지 매년 1월 1일 기준으로, 시가총액 상위 10위 안에 든 암호화폐들의 변화를 보여줍니다.

우리가 익숙하게 알고 있는 비트코인은 예외적으로 모든 해에서 1위를 지켰지만, 그 외의 코인들은 매우 자주 바뀌었습니다. 이더리움은 비교적 꾸준하게 상위권을 지켰지만, 순위와 시총 규모는 시장의 흐름에 따라 유동적으로 움직였습니다. 특히 나머지 알트코인의 경우, 매년 등장과 퇴장이 반복되었습니다. 몇 년 전만 해도 상위권에 있던 이오스 EOS, 라이트코인 LTC, 대시 Dash 등은 이제 상위권에서 찾아보기 어렵습니다. 반면, 도지코인 DOGE이나 솔라나 SOL처럼 최근 몇 년간 새롭게 떠오른 알트코인들도 있습니다.

결국 투자자에게 필요한 것은 '지금 이 코인이 왜 주목받는가', '앞으로도 계속해서 시장에서 의미 있는 위치를 지킬 수 있을까'를 스스로 점검해보는 습관입니다. 그러기 위해서는 꾸준히 뉴스를 확인하고, 프로젝트의 개발 현황이나 파트너십 발표, 커뮤니티 활동 등 다양한 정보를 찾아보는 노력이 필요합니다. 더불어 단기적인 유행이나 소문에 휩쓸리기보다, 그 프로젝트가 실제로 어떤 문제를 해결하고 있는지, 기술적 기반이 얼마나 탄탄한지를 살펴보는 태도 역시 중요합니다. 앞으로 남은 시간 들을 통해 이런 판단에 도움이 될 수 있는 다양한 투자팁과 실전 사례들을 단계적으로 소개하겠습니다.

제 6 장

한국에서 암호화폐 투자, 어떻게 시작할까?

암호화폐 투자를 시작하는 방법

이제 본격적으로 암호화폐 투자를 시작하는 방법을 알아보겠습니다. 이 장에서는 국내 거래소 가입부터 암호화폐 구매까지의 과정을 초보자도 쉽게 따라 할 수 있도록 자세히 설명하겠습니다. 천천히 단계를 따라가면, 누구나 어렵지 않게 암호화폐 투자에 입문할 수 있습니다. 암호화폐 투자를 시작하려면 먼저 '거래소를 선택'해야 합니다.

주식 시장과 달리 암호화폐 시장에는 다양한 거래소가 존재하며, 투자자는 자신에게 맞는 거래소를 직접 선택해야 합니다. 전 세계적으로 수많은 거래소가 운영되고 있지만,

[세계 암호화폐 거래소 TOP 20]

순위	거래소명	소재 국가
1	코인베이스(Coinbase)	미국
2	시카고상업거래소 그룹(CME group)	미국
3	로빈후드(Robinhood)	미국
4	업비트(Upbit)	대한민국
5	데리빗(Deribit)	두바이
6	비트스탬프(Bitstamp)	룩셈부르크
7	크립토닷컴(Crypto.com)	싱가포르
8	크라켄(Kraken)	미국
9	피델리티(Fidelity)	미국
10	엘맥스 디지털(LMAX Digital)	지브롤터
11	제미니(Gemini)	미국
12	비트플라이어(bitFlyer)	일본
13	비트뱅크(Bitbank)	일본
14	지엠오 재팬(GMO Japan)	일본
15	팍소스(Paxos)	미국
16	루노(Luno)	영국
17	빗썸(Bithumb)	대한민국
18	해시키(Hashkey)	홍콩
19	비트판다(bitpanda)	오스트리아
20	코인체크(Coincheck)	일본

출처: https://www.taxwatch.co.kr

국외 거래소는 원화KRW 거래를 지원하지 않는 경우가 많습니다. 따라서 초보 투자자는 일반적으로 국내 거래소에서 먼저 암호화폐 거래를 시작하는 것이 좋습니다. 전 세계 암호화폐 거래소 순위를 살펴보면, 국내 거래소 중 업비트Upbit와 빗썸Bithumb은 글로벌 상위 20위권에 포함될 정도로 경쟁력을 갖춘 플랫폼입니다.

국내 주요 거래소들의 종류부터 살펴보겠습니다. 한국의 암호화폐 시장은 주로 5개의 거래소가 주도하고 있습니다. 업비트, 빗썸, 코인원, 코빗, 고팍스입니다.

이 중 업비트와 빗썸이 시장점유율이 가장 높습니다. 2024년 기준으로 업비트가 약 73%의 시장 점유율을 보이고 있습니다. 업비트는 2017년 설립 이후 빠르게 성장하여 현재 한국 최대의 거래소로 자리 잡았습니다. 사용하기 쉬운 메뉴얼과 다양한 암호화폐

[국내 암호화폐 거래소 점유율]

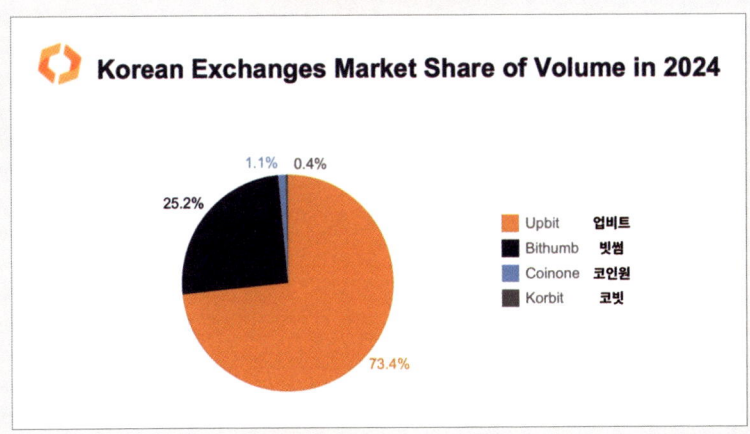

출처: 카이코

지원, 높은 유동성으로 인기를 얻고 있습니다. 빗썸은 한때 시장 1위였으나 현재는 국내에서 2위로 거래소로 약 25%의 점유율을 차지하고 있습니다. 코인원, 코빗, 고팍스는 상대적으로 작은 시장 점유율을 가지고 있지만, 각각의 특징을 살려 경쟁력을 유지하고 있습니다. 특히 고팍스는 바이낸스(글로벌 최대 암호화폐 거래소)가 고팍스의 일부 지분을 인수하며 글로벌 네트워크 확대를 꾀하는 중입니다.

01 어떤 거래소를 선택해야 할까?

암호화폐 투자를 처음 시작하는 투자자라면 거래소 선택이 고민될 것입니다. 거래소마다 지원하는 코인이 다르고, 유동성과 수수료 구조도 차이가 있기 때문입니다. 국내에서 가장 많은 사용자를 보유한 업비트와 빗썸은 서로 다른 수수료 모델을 운영합니다. 업비트는 0.05%의 낮은 거래 수수료로 자주 거래하는 투자자에게 유리합니다. 반면, 빗썸은 기본 거래 수수료가 0.25%로 다소 높지만, 수수료 쿠폰을 활용하면 0.04%까지 낮출 수 있어 쿠폰을 적극 활용하는 투자자에게 유리합니다. 또한, 유동성이 높은 거래소일수록 거래 체결이 빠르고 안정적이며, 슬리피지(주문 가격과 실제 체결 가격의 차이)가 줄어드는 장점이 있습니다. 반면, 유동성이 낮은 거래소는 거래 체결이 지연되거나, 예상보다 불리한 가격에 체결될 가능성이 큽니다. 따라서 거래소를 선택할 때는 유동성과 거래 수수료를 함께 고려하는 것이 중요합니다.

거래소 이용을 위해서는 특정 은행 계좌가 필요합니다. 예를 들어, 업비트는 케이뱅크 계좌가 있어야 하며, 빗썸은 2025년 3월부터 기존 농협은행에서 KB국민은행으로 제휴 은행이 변경되었습니다. 본인이 이용하기 편한 은행을 지원하는 거래소를 선택하는 것도 하나의 방법입니다. 2025년 1월 기준, 국내 암호화폐 3대 거래소의 수수료 혜택과 거래소에서 지원하는 코인 정보를 정리했습니다. 거래소별 최신 수수료 정책을 직접 확인할 수 있도록 공식 사이트 주소도 있으니 거래소를 선택할 때 참고해 보세요.

1) 업비트

· **거래 수수료**: 원화KRW 마켓 거래 수수료는 0.05%입니다.

[업비트 고객센터]

출처: 업비트 홈페이지

- **지원 코인 수:** 업비트는 약 300여 종의 암호화폐를 지원하고 있습니다.

- **제휴 은행:** 케이뱅크

- **수수료 업데이트 확인:** https://support.upbit.com/hc/ko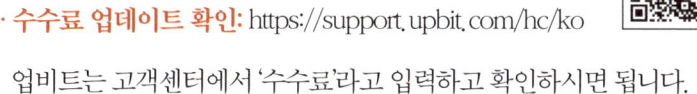

  업비트는 고객센터에서 '수수료'라고 입력하고 확인하시면 됩니다.

2) 빗썸

- **거래 수수료:** 일반 거래 수수료는 0.25%이며, 프로모션이나 회원 등급에 따라 수수료 할인이 적용될 수 있습니다(쿠폰 등록 시 0.04% 수수료 혜택 제공).

- **지원 코인 수:** 빗썸은 약 200여 종의 암호화폐를 지원하고 있습니다.

- **제휴 은행:** KB국민은행

- **수수료 업데이트 확인:**

  https://www.bithumb.com/customer_support/info_guide?seq=214

3) 코인원

- **거래 수수료:** 일반 거래 수수료는 0.2%입니다.

- **지원 코인 수:** 약 150여 종의 암호화폐를 지원하고 있습니다.

- **제휴 은행:** 카카오뱅크

- **수수료 업데이트 확인:** https://coinone.co.kr/support

거래소마다 수수료 혜택이 다르고 수수료 정책이 변경될 가능성이 있으므로, 거래 시작 전에 웹사이트에 방문해 최신 정보를 확인하는 것이 좋습니다.

02
국내 암호화폐 거래소 가입 방법

암호화폐 거래를 시작하려면 먼저 거래소에 가입해야 합니다. 국내에는 여러 거래소가 있지만, 투자자가 가장 많이 이용하는 곳 중 하나가 업비트입니다. 업비트는 국내 최대 규모의 거래소로, 높은 유동성과 직관적인 사용 환경을 제공해 초보 투자자도 쉽게 이용할 수 있습니다.

앞서 언급한 다양한 요소를 고려했을 때, 국내 투자자가 가장 많이 이용하는 업비트 거래소를 기준으로 가입 방법을 소개하겠습니다. 하지만 다른 거래소들도 가입 및 거래 절차가 대부분 유사하므로, 기본적인 흐름을 이해하면 쉽게 따라할 수 있을 것입니다. 이제 업비트 가입 방법을 단계별로 알아보겠습니다.

[업비트 거래소 가입하기]

준비사항

- **국내 통신사 실명 인증:** 국내 통신사를 이용하는 본인 명의의 휴대 전화
- **국내 은행 계좌 인증:** 본인 명의 국내 은행 계좌 보유
- **케이뱅크 계좌 개설:** 케이뱅크 앱을 다운받아서 가입함

회원가입 절차

1) 업비트 앱 설치(업비트는 휴대폰 애플리케이션을 통해서만 회원가입이 가능합니다)
2) 본인 인증 약관 동의
3) 휴대폰 본인 인증
4) 은행/증권사 계좌 인증
5) PIN 비밀번호 6자리 설정(필요 시 생체인증 설정)
6) 업비트 시작

[1.업비트 회원가입 절차]

[2.업비트 회원가입 절차]

제 6 장

[3.업비트 회원가입 절차]

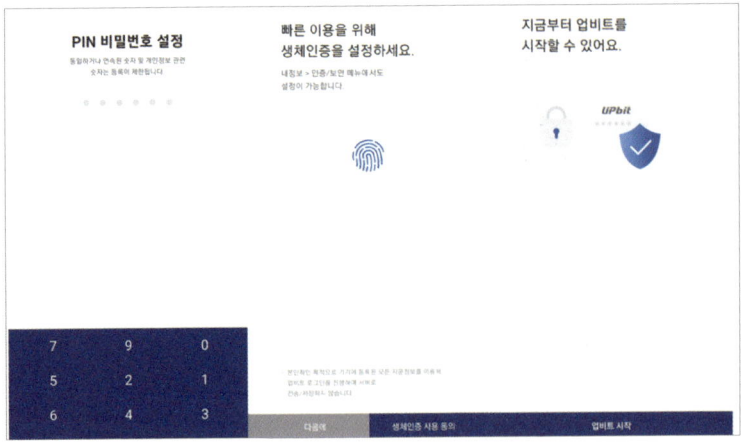

이렇게 해서 업비트 가입을 마쳤습니다.

하지만 업비트 가입을 마쳤다고 해서 바로 거래를 시작할 수 있는 것은 아닙니다. 실제 거래를 위해서는 신분증 인증KYC 절차를 완료해야 합니다(이는 다른 거래소도 마찬가지입니다). 국내 암호화폐 거래소는 실명 인증 시스템을 통해 신원을 확인한 사용자만 거래할 수 있도록 규정하고 있습니다. 이를 위해 여권, 주민등록증, 운전면허증 등 신분증을 제출하고, 얼굴 인증을 거치는 KYC 절차를 진행해야 합니다. 이 과정은 거래소가 고객의 신원을 확인하고, 불법 자금 세탁을 방지하기 위한 필수 조치라고 보시면 됩니다. 따라서 가입 후 KYC 인증까지 완료해야 암호화폐 입·출금 및 거래를 시작할 수 있습니다.

[고객 확인 절차(KYC)]

준비사항

· 주민등록증 또는 운전면허증

· 원화KRW 거래를 위한 케이뱅크 계좌(케이뱅크 계좌 연동시에만 원화거래가 가능)

1. 약관 동의

디지털 자산 거래 유의 사항을 꼼꼼히 읽고 약관 동의를 진행하세요.

2. 기본 정보 입력

기본 정보 항목 성과 이름을 각각 구분하여 정확히 입력해야 합니다. 특히 잘못된 영문명을 입력하면 나중에 업비트 이용이 제한될 수 있으니 주의해야 합니다.

3. 필수 정보 입력

직업 정보, 거래 목적, 거래 자금 원천 정보 등 입력

4. 신분증 준비 및 촬영

신분증 촬영 시 빛이 반사되지 않도록 어두운 배경 위에 두고 촬영해

주세요.

5. 신분증 정보 확인

신분증 촬영 후 정보가 정확하게 인식되었는지 꼼꼼히 확인해야 합니다.

6. 케이뱅크 계좌 인증

케이뱅크로 입금된 1원의 입금자명에서 인증번호 확인 및 입력

[1.업비트 고객 확인 절차]

[2.업비트 고객 확인 절차]

[3.업비트 고객 확인 절차]

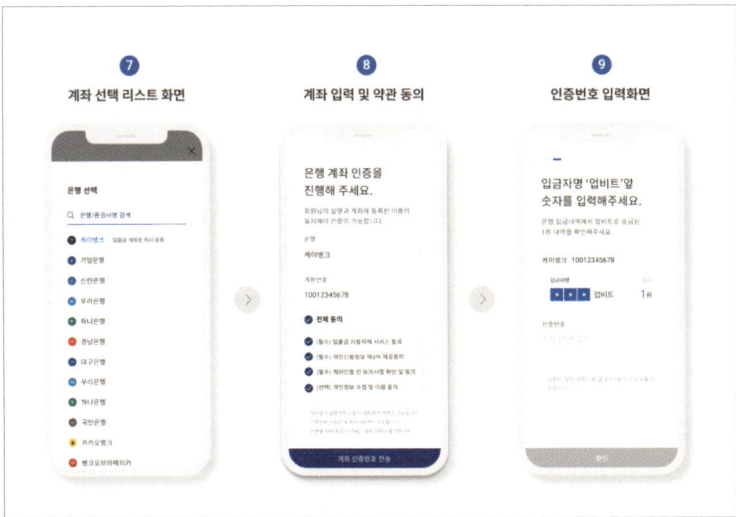

03
거래소에서 암호화폐 사고팔기

가입과 본인 인증 절차를 모두 완료했다면, 이제 본격적으로 투자를 시작하시면 됩니다. 소액이라도 좋으니, 직접 투자를 경험해 보시기를 바랍니다. 우선, 암호화폐 거래를 하려면 자신의 거래소 계좌에 원화를 입금해야 합니다. 어렵지 않으니 소액이라도 입금해 보세요.

◆ **주식과 다른 암호화폐 매매의 특징**
비트코인의 가격이 약 1억 4,000만 원이라 해도, 주식처럼 한 개를 온전히 구매해야 하는 것은 아닙니다. 원하는 금액만큼, 예를 들어 100만 원이나 200만 원 정도도 자유롭게 매수할 수 있습니다.

1. 원화 입금 방법

[입금 신청]

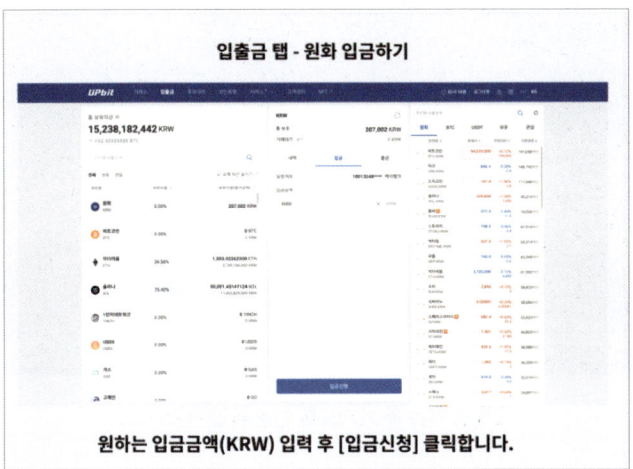

[입금 정보 확인]

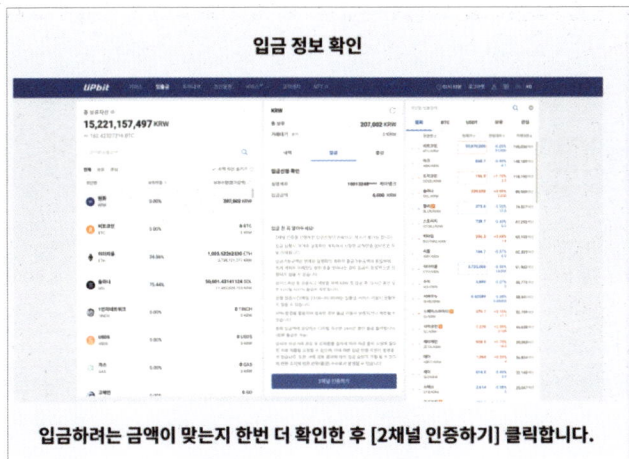

[카카오톡 인증]

[카카오톡 인증 선택]

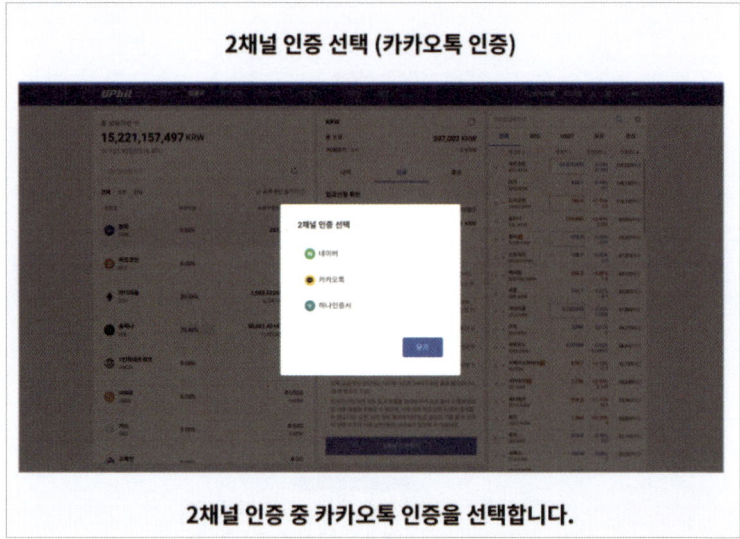

2채널 인증 중 카카오톡 인증을 선택합니다.

[2채널 인증 안내]

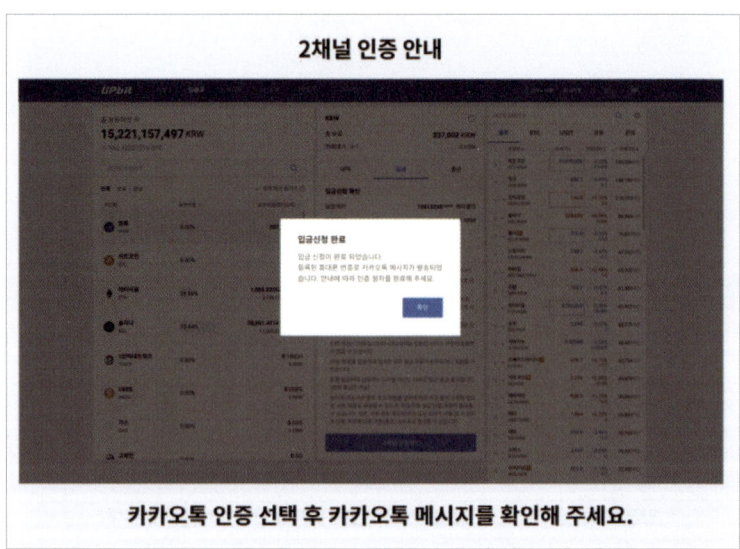

카카오톡 인증 선택 후 카카오톡 메시지를 확인해 주세요.

[카카오톡 인증 요청]

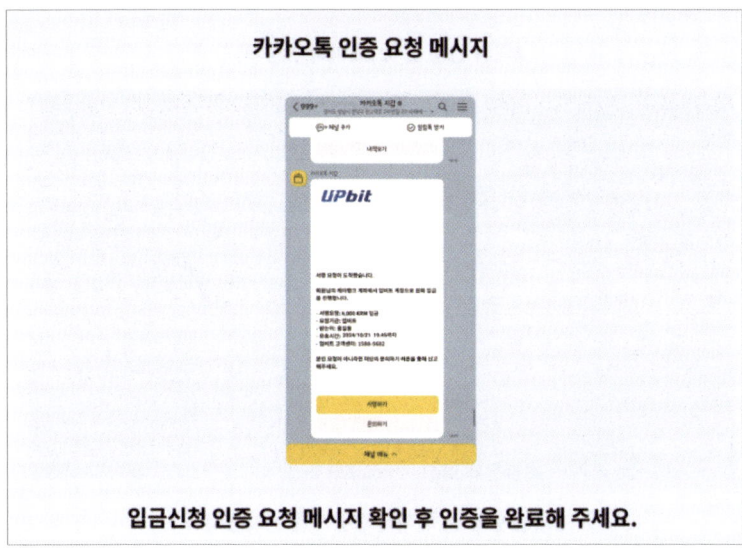

입금신청 인증 요청 메시지 확인 후 인증을 완료해 주세요.

[입금 내역 확인]

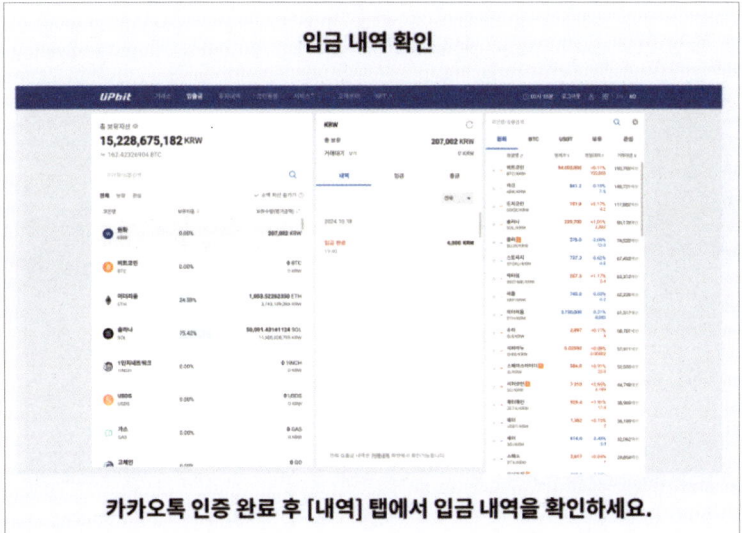

카카오톡 인증 완료 후 [내역] 탭에서 입금 내역을 확인하세요.

[네이버 인증]

[네이버 인증 선택]

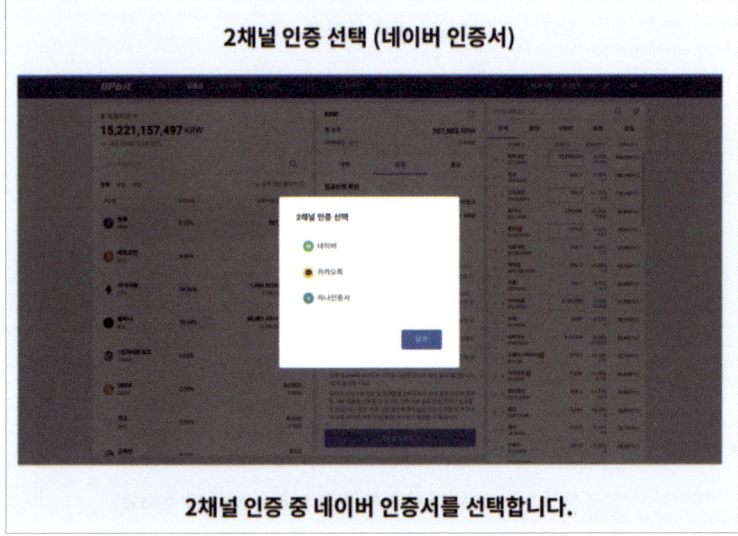

2채널 인증 중 네이버 인증서를 선택합니다.

[2채널 인증]

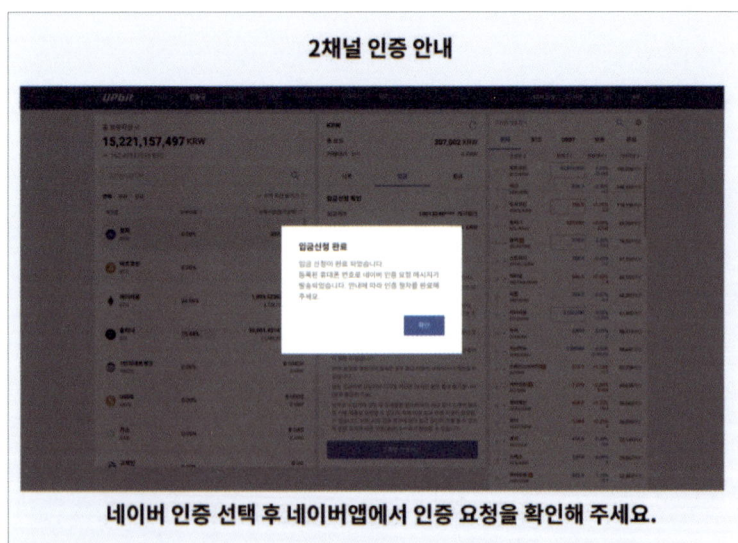

네이버 인증 선택 후 네이버앱에서 인증 요청을 확인해 주세요.

[네이버 인증 요청 메시지]

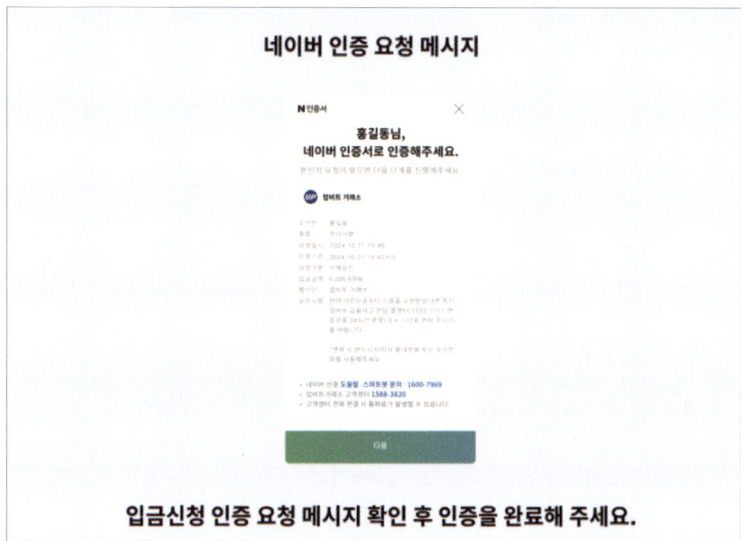

[입금 내역 확인]

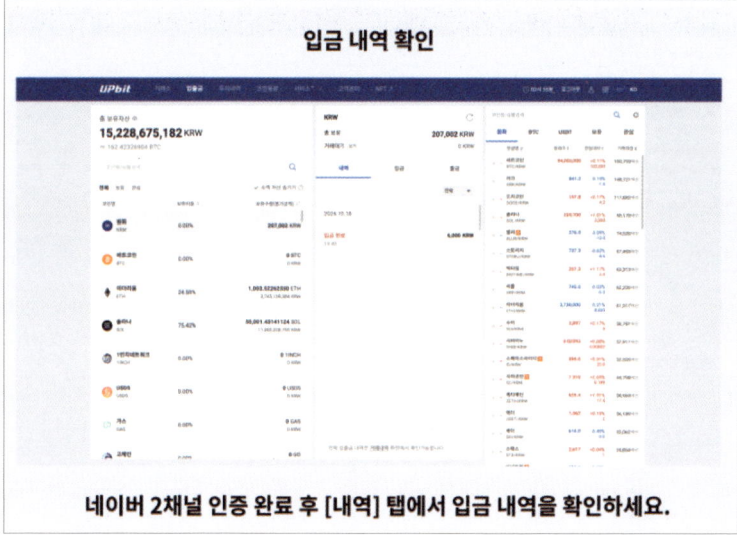

이제 내 거래소 지갑으로 입금을 마쳤습니다. 본격적으로 암호화폐를 매수(코인을 사는 것), 매도(코인을 파는 것)하는 방법을 알아보겠습니다.

2. 거래할 암호화폐 선택

· 화면 하단의 '거래소' 메뉴를 택합니다.

· 상단 검색창에서 원하는 암호화폐를 검색하거나, 목록에서 선택할 수 있습니다.

· 예를 들어, '비트코인'을 거래하고 싶다면 검색창에 'BTC' 또는 '비트코인'을 입력합니다.

[거래할 암호화폐 선택하기]

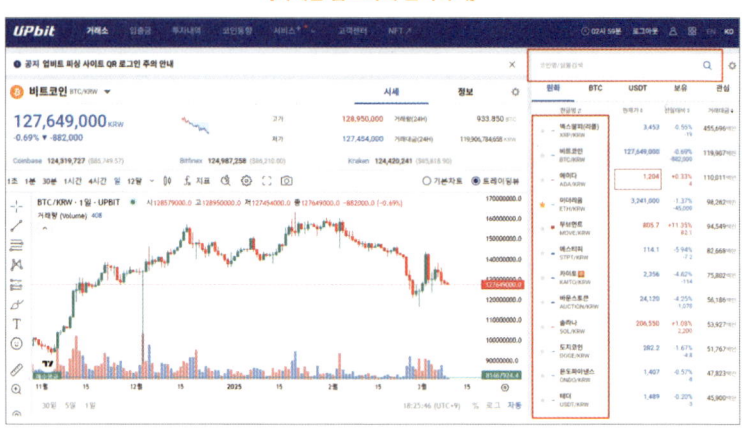

3. 암호화폐 매매하기

이제 암호화폐를 매매해보겠습니다. 매매 방법은 세 가지가 있지만 (지정가, 시장가, 예약가) 초보 투자자들이 많이 선택하는 지정가와 시장가에 대한 매매 방법에 관해 자세히 설명하겠습니다.

〈지정가 주문〉

가격을 정해서 주문하는 방식으로 지정한 매수가격보다 높은 가격에 체결되지 않고, 지정한 매도가격보다 낮은 가격에 체결되지 않습니다.

1. 매수 방법

(1) 매수 > 지정가 탭을 선택합니다.

(2) 매수가격/주문 수량 또는 주문총액을 클릭합니다.

(3) 매수 버튼을 클릭합니다.

(4) 매수 확인 버튼을 클릭합니다.

(5) 확인 버튼을 클릭합니다.

[암호화폐 지정가 매수]

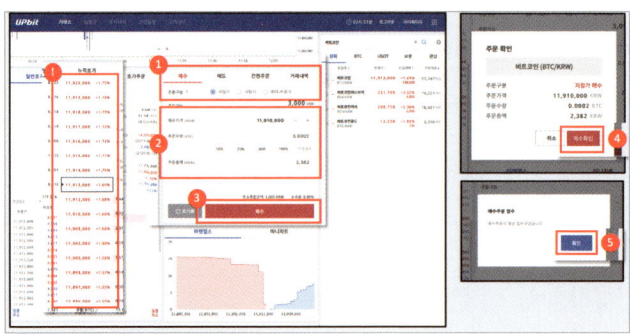

2. 매도 방법

(1) 매도 > 지정가 탭을 선택합니다.

(2) 매도가격/주문수량 또는 주문총액을 입력합니다.

(3) 매도 버튼을 클릭합니다.

(4) 매도확인 버튼을 클릭합니다.

(5) 확인 버튼을 클릭합니다.

[암호화폐 지정가 매도]

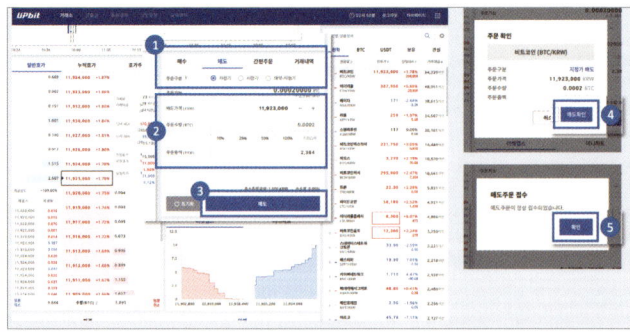

<시장가 주문>

매수 시 주문 금액, 매도 시 주문 수량만 설정하면, 시장 가격으로 즉시 체결시키는 주문입니다.

1. 매수 방법

　(1) 매수 > 시장가 탭을 선택합니다.

　(2) 주문총액을 입력합니다.

　(3) 매수 버튼을 클릭합니다.

　(4) 매수 확인 버튼을 클릭합니다.

　(5) 확인 버튼을 클릭합니다.

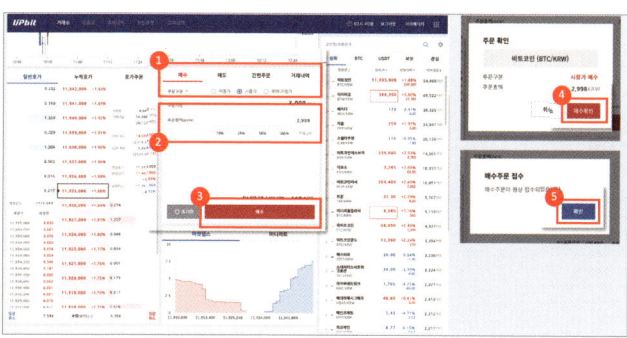

[암호화폐 시장가 매수]

2. 매도 방법

　(1) 매도 > 시장가 탭을 선택합니다.

(2) 주문수량을 입력합니다.

(3) 매도 버튼을 클릭합니다.

(4) 매도확인 버튼을 클릭합니다.

(5) 확인 버튼을 클릭합니다.

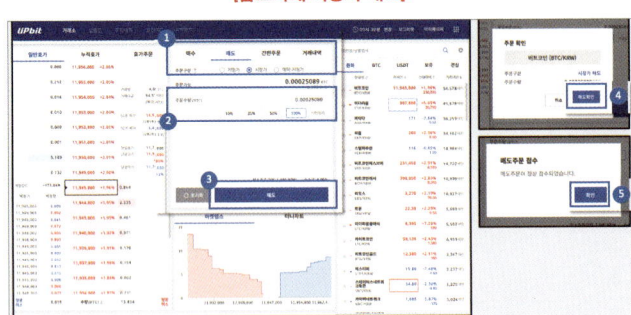

[암호화폐 시장가 매도]

4. 거래 내역 확인

(1) 거래소 화면 내 거래내역 탭을 클릭합니다.

(2) 미체결 선택 시, 미체결 내역을 확인하실 수 있습니다.

(3) 체결 선택 시, 체결 내역을 확인하실 수 있습니다.

[거래 내역 확인_미체결]

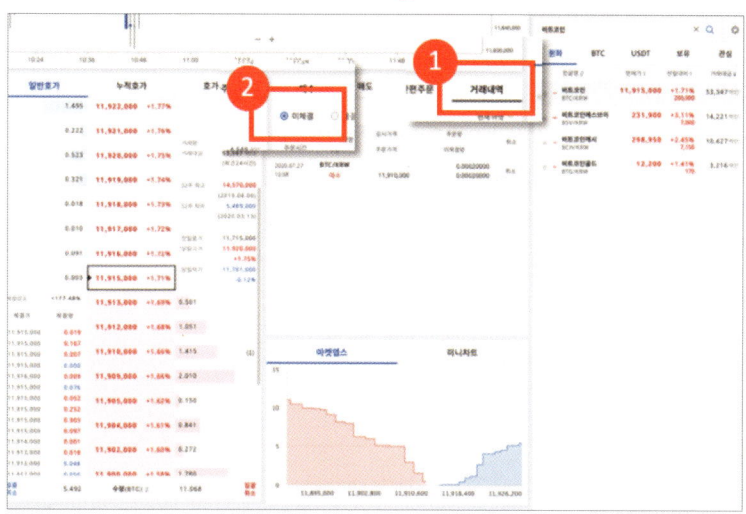

[거래 내역 확인_체결]

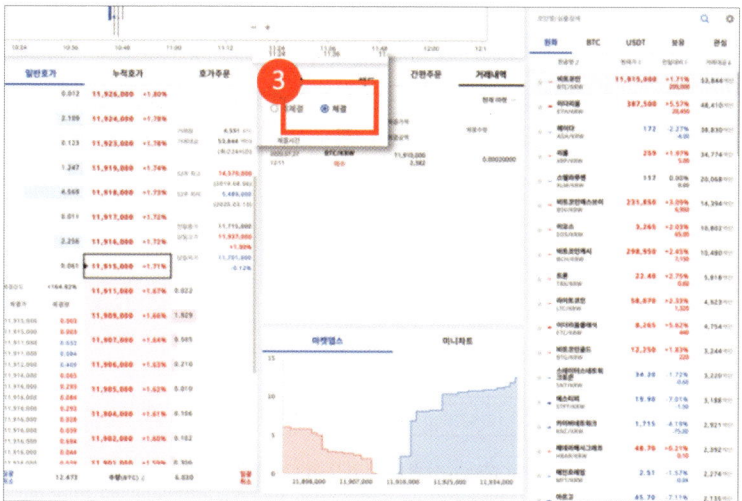

5. 원화 출금 방법

[출금 신청]

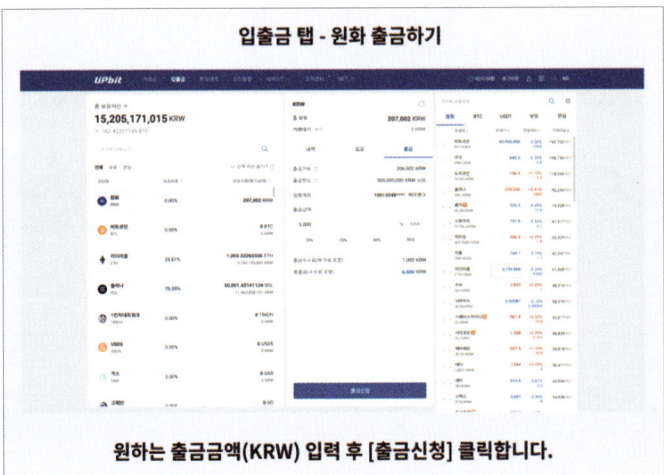

원하는 출금금액(KRW) 입력 후 [출금신청] 클릭합니다.

[채널 인증하기]

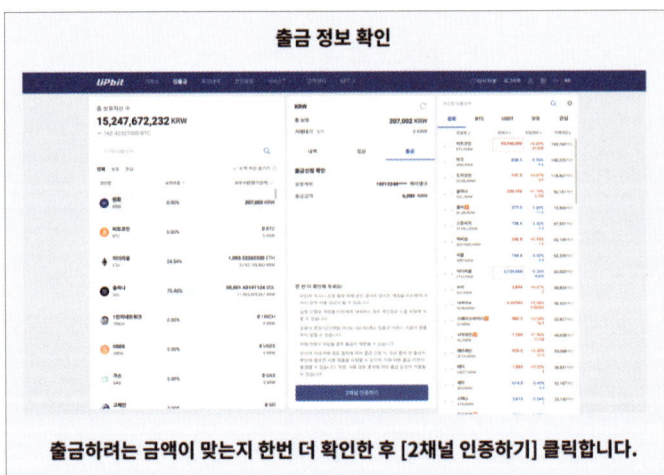

출금하려는 금액이 맞는지 한번 더 확인한 후 [2채널 인증하기] 클릭합니다.

[카카오톡 인증]

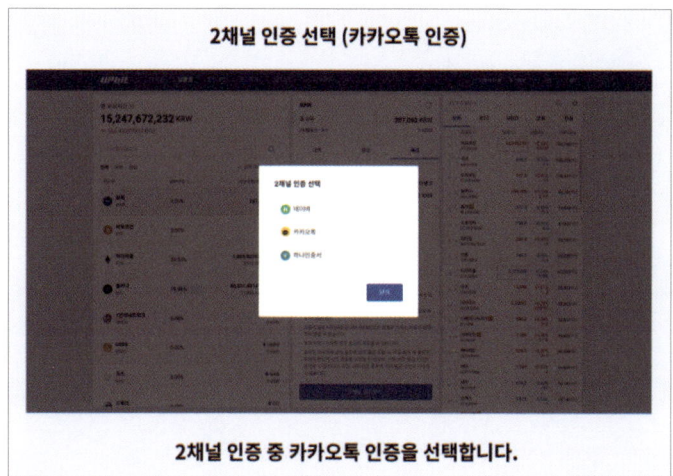

[카카오톡 인증완료]

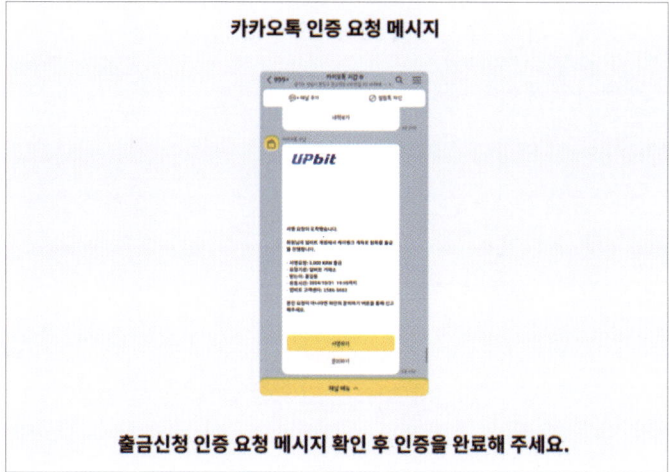

[출금 내역 확인]

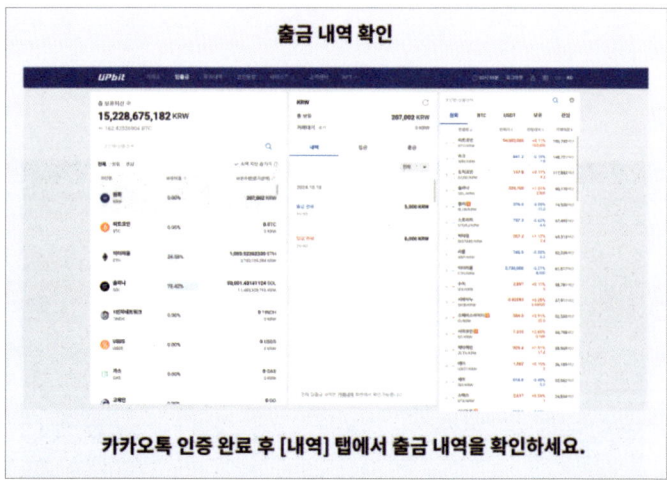

네이버와 하나 인증서도 동일한 방식으로 진행하시면 됩니다.

이미지처럼 따라하기가 어렵다면 거래소 공식 홈페이지에서 '이용자 가이드'를 참고하면 더 자세히 도움받으실 수 있습니다. 업비트 거래소의 고객센터 홈페이지 주소는 다음과 같습니다.

[업비트 고객센터 홈페이지]

https://support.upbit.com/hc/ko

제 7 장

암호화폐
국외 거래소 사용법

국외 거래소를 이용할 때 고려해야 할 사항

 최근 들어 국외 거래소를 이용하는 한국 투자자들이 점점 늘어나고 있습니다. 과거에는 국외 거래소가 국내 거래소보다 더 다양한 알트코인을 거래할 수 있다는 이유로 많이 사용됐지만, 현재는 자산 분배 목적으로 국외 거래소를 사용하는 투자자들도 많아졌습니다. 국외 거래소를 국내 거래소와 함께 활용하면 특정 거래소의 문제로 인해 전체 모든 암호화폐 자산이 묶이는 일을 방지할 수 있습니다.

 하지만 국외 거래소를 이용할 때도 몇 가지 고려해야 할 사항이 있습니다. 먼저 각 거래소의 보안 수준과 규제 준수 여부를 반드시 확인해야 합니다. 일부 거래소는 보안이 취약해 해킹 위험이 높고, 투자자 자산 보호 정책이 미흡할 수 있습니다. 그리고 한국 금융 당국이 특정 국외거래소를 차단하거나 규제를 강화할 가능성도 있으므로, 이에 대한 정보 역시 필요합니다. 우선 국내 거래소와 국외 거래소의 차별점부터 살펴보겠습니다.

01
국내 암호화폐 거래소 vs. 국외 암호화폐 거래소

1. 입·출금 방식

국내 거래소는 원화KRW 입·출금이 가능합니다. 은행 계좌를 연결하면 원화를 입금해 바로 암호화폐를 구매할 수 있습니다. 반면, 국외 거래소는 원화 입·출금이 불가능하며, USDT테더나 BTC비트코인 같은 암호화폐를 입금해야 거래할 수 있습니다. 따라서 국외 거래소를 이용하려면 국내 거래소에서 코인을 먼저 구매한 후 국외 거래소로 전송하는 과정이 필요합니다.

2. 거래 가능한 코인 종류

2025년 현재, 국내 거래소는 정부 규제를 받아 상장 심사가 엄격한 편입니다. 새로운 코인이나 작은 규모의 코인은 상장되기 어렵습니다. 반면, 국외 거래소는 수천 개의 다양한 코인을 거래할 수 있으며, 신규

코인도 빠르게 상장됩니다. 새로운 프로젝트에 투자하고 싶다면 국외 거래소가 유리하지만, 검증되지 않은 코인도 많기 때문에 주의해야 합니다.

3. 보안성과 법적 보호

국내 거래소는 정부 규제를 받기 때문에 실명 인증, 자금세탁 방지 AML 등의 보안 절차가 철저합니다. 해킹이나 사기 위험이 낮고, 문제가 생겼을 때 법적으로 보호받을 가능성이 높습니다. 반면, 국외 거래소는 규제가 다 다르고, 일부 거래소는 법적 보호를 받기 어렵습니다. 실제로 FTX 같은 대형 거래소가 갑자기 파산하면서 많은 투자자가 피해를 본 사례도 있습니다. 따라서 국외 거래소를 이용할 때는 반드시 신뢰할 수 있는 곳을 선택해야 합니다.

4. 거래 속도와 유동성

국내 거래소는 국내 투자자 중심이라 대표적인 암호화폐가 아니라면 거래량이 비교적 적을 수 있습니다. 반면, 국외 거래소는 전 세계 투자자가 이용하기 때문에 주요 거래소들은 거래량이 많고 주문 체결이 빠릅니다.

[국내 거래소와 국외 거래소 차이점]

국내 거래소	국외 거래소
원화(KRW) 입·출금 가능	원화 입·출금 불가, 암호화폐(USDT, BTC 등)로 거래
안정적인 코인 위주(상장 심사 기준 높음)	다양한 코인 거래 가능(신규 프로젝트 토큰 다수)
금융당국 감독, 보안 수준 높음	일부 거래소 해킹 파산가능성 있음(FTX 사례 참고)
국내 투자자 중심	글로벌 투자자 다수, 유동성 높음
선물 거래 불가능	선물거래 가능

02
주요 국외 거래소 소개

앞서도 말씀드렸지만, 국외 거래소를 이용할 경우 거래소를 선택하는 것은 매우 중요합니다.

[암호화폐 현물 거래소 시장 점유율]

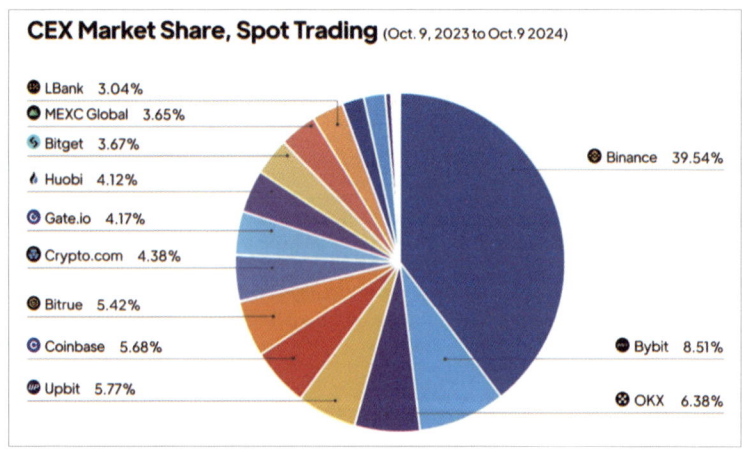

출처: https://bitcoinke.io

2025년 기준, 글로벌 시장에서 가장 영향력 있는 거래소의 종류와 시장 점유율을 살펴보겠습니다.

이 중 전 세계 시장 점유율 상위의 글로벌 거래소들을 간단히 한번 살펴보겠습니다.

1. 바이낸스Binance - 세계 최대 암호화폐 거래소
- 전 세계에서 가장 큰 암호화폐 거래소
- 350개 이상의 코인 거래 가능
- 높은 유동성(쉽게 사고팔 수 있음)
- 현물·선물 거래 등 다양한 옵션 지원

2. 바이비트Bybit - 빠르게 성장하는 거래소
- 최근 몇 년간 가장 빠르게 성장한 거래소
- 100개 이상의 암호화폐 거래 가능
- 초보자도 사용하기 쉬운 인터페이스
- 6천만 명 이상의 사용자 보유

3. 코인베이스Coinbase - 보안과 신뢰성이 높은 미국 거래소
- 미국을 대표하는 암호화폐 거래소
- 금융 규제를 철저히 준수하여 신뢰도 높음

- 240개 이상의 암호화폐 거래 가능
- 보안이 뛰어나 기관 투자자들에게 인기

4. OKX - 다양한 금융 상품을 제공하는 거래소

- 300개 이상의 암호화폐 거래 가능
- 스테이킹, 선물 거래 등 다양한 투자 옵션 제공
- 경험 많은 투자자들에게 적합

03
국외 거래소 회원가입 방법

자, 그럼 이제 본격적으로 국외 거래소 가입 방법을 알아보겠습니다. 국외 거래소는 국내 거래소와 다르게 가입 절차, 입·출금 방법 등에 차이가 있으므로, 사전에 정확한 정보를 알고 진행하는 것이 중요합니다. 우선 국외 거래소를 이용하기 전에 몇 가지 확인해봐야 할 것이 있습니다.

☑ **한국에서 사용 가능한지 확인하기**

일부 국외 거래소는 한국 사용자에 대한 서비스 제한이 있을 수 있으므로, 이용 가능 여부를 확인해야 합니다.

☑ **보안 설정하기**

- **2단계 인증:** 로그인할 때 비밀번호 외에 추가적인 인증을 요구하는 시스템입니다. 이는 계정을 더 안전하게 보호합니다.

- **이메일 및 휴대폰 인증:** 계정의 보안을 더 강화하기 위해 이메일과 휴대폰으로도 인증을 받는 것이 좋습니다.

☑ 거래소 수수료 확인하기

국외 거래소의 거래 수수료와 출금 수수료는 국내 거래소와 다를 수 있습니다. 거래 전에 반드시 확인하세요.

☑ 입·출금 방법

- **원화KRW 직접 입금 불가:** 국외 거래소에서는 원화로 직접 입금할 수 없는 경우가 많습니다.
- **스테이블코인 사용:** USDT테더와 같은 스테이블코인을 이용해 입금하는 방법을 알아두는 것이 좋습니다.

전 세계 최대 거래소이자 한국인 투자자들이 많이 사용하는 바이낸스 거래소를 기준으로 가입 방법과 매매 방법을 자세히 설명하겠습니다.

[바이낸스(Binance) 회원가입]

1. 바이낸스 애플리케이션 다운로드
· 공식 사이트를 통해 가입할 수 있으나, 사칭 사이트가 많고 신원 인증을 위해 어차피 앱을 설치해야함으로 애플리케이션을 통한 가입을 더 권해드립니다.

2. 이메일 또는 휴대폰 번호로 계정 생성
· 이메일 또는 휴대폰 번호를 입력하고, 약관 동의를 체크한 후 Next넥스트 버튼을 클릭합니다.

3. 가입 정보 입력 및 인증하기
· 등록한 이메일(또는 휴대폰)으로 전송된 인증번호 6자리 숫자를 적어 줍니다.

4. 비밀번호 입력하기
· 8글자 이상, 숫자 하나 이상 포함, 대문자 하나 이상 포함 조건을 파악하고 비밀번호를 입력합니다.

5. 초대 입력

· 초대 코드가 있을시 입력하고, 없을시 'NO'를 선택합니다.

6. 신원 인증(KYC) 진행

· 신원 인증 카드 종류를 선택합니다(신분증, 여권, 운전면허증).

· 신분증을 촬영합니다(직접 촬영 버튼 클릭).

· 메시지에 따라 신분증 앞면과 뒷면을 차례대로 스캔합니다.

· 이어서 셀카를 촬영합니다(입 벌리기, 윙크, 고개 좌우로 돌리기 등 요구 사항에 맞게 진행합니다).

· 마지막으로 인적 사항을 확인한 후 'Continue컨티뉴' 버튼을 눌러 제출을 완료합니다.

◆ KYC 제출 후 30분 정도 후에 승인이 완료됩니다.

[순서대로 따라해 보세요]

[바이낸스 회원가입_1]

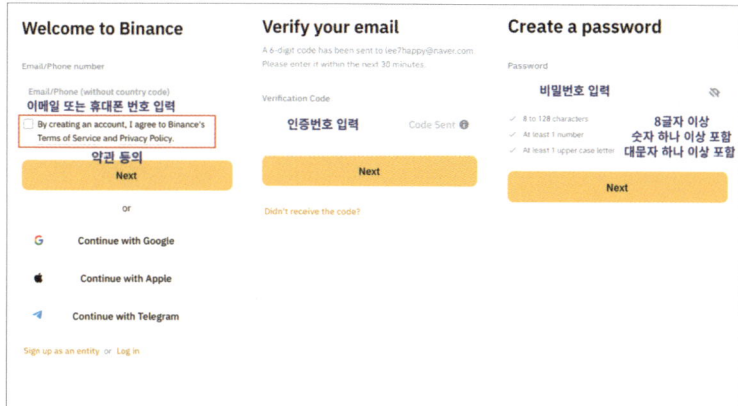

[바이낸스 회원가입_2]

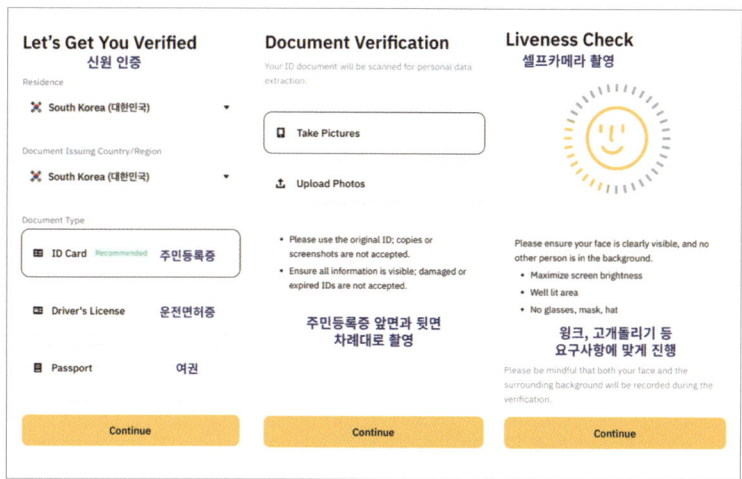

[바이낸스 회원가입_3]

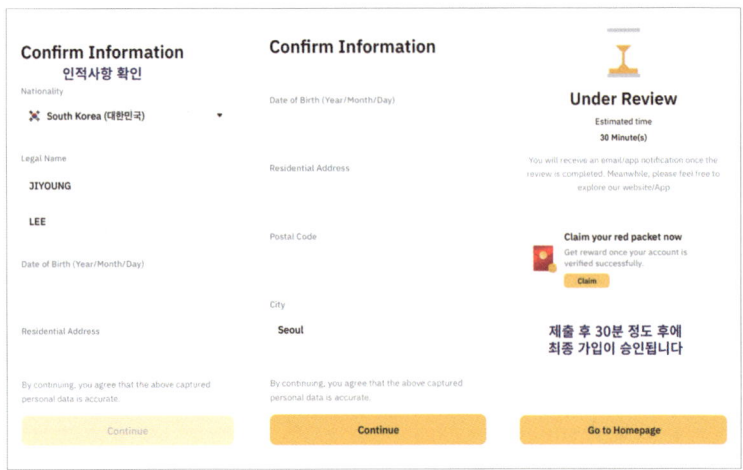

7. 바이낸스 OTP 설정하기

OTP 설정은 보안인증이라 부르기도 합니다. 나중에 코인을 출금할 때 필요하기 때문에 가입하면서 함께 설정하기를 권장합니다.

· 먼저 구글 OTP를 검색하고 다운로드합니다.
· 바이낸스 앱을 작동시키고 왼쪽 상단에 바이낸스 로고 모양을 누릅니다.
· 프로필 메뉴 중에 Security^{보안} 버튼을 선택하고 Authenticator App^{인증앱} 버튼을 눌러줍니다.
· 아래쪽에 있는 Enable^{언에이블} 버튼을 눌러주고, 인증(이메일 또는 휴대

폰)을 진행합니다.

- 인증 후에 아래와 같은 화면이 나타나면 인증키 16자리 숫자 옆에 있는 'Copy카피' 버튼을 누르고 바이낸스 앱을 종료하지 않은 채, 구글 OTP를 설치합니다.
- 구글 OTP 설치 후 + 모양을 눌러 '설정 키 입력'을 눌러줍니다.
- 계정 이름은 임의로 작성하고, 아랫 칸에 바이낸스에서 복사해 둔 16자리 인증키를 붙여넣기 합니다.
- '추가' 버튼을 누르면 1분마다 OTP 숫자가 생성됩니다.
- 다시 바이낸스 앱으로 돌아와 생성되는 OTP 숫자를 입력해주면 등록이 완료됩니다.

[구글 OTP 인증하기_1]

[구글 OTP 인증하기_2]

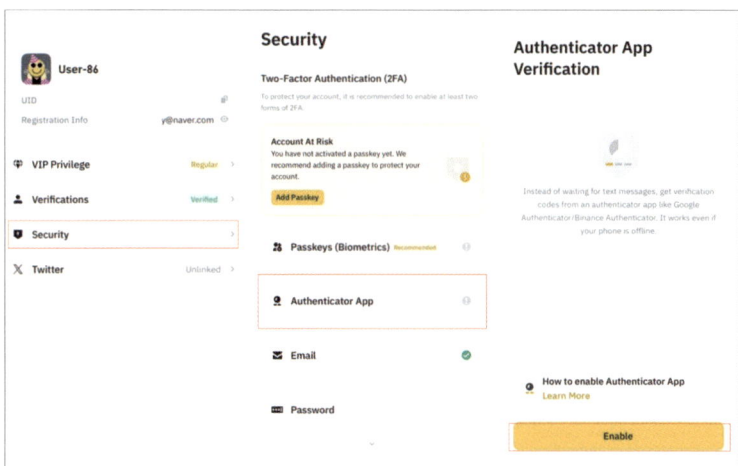

[구글 OTP 인증하기_3]

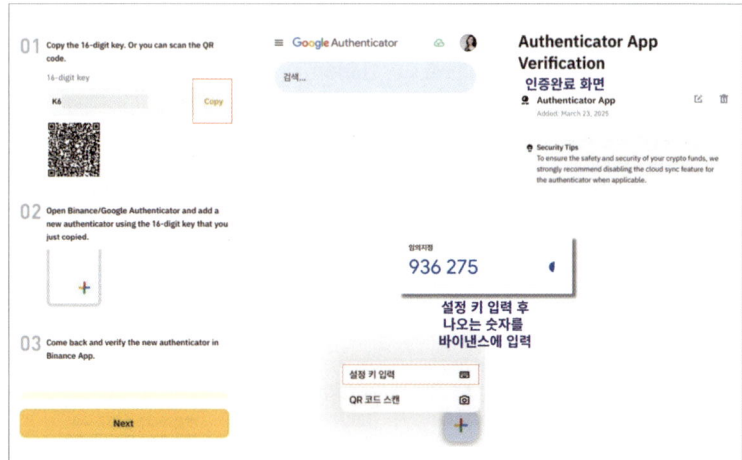

04
국내 거래소에서
국외 거래소로 입금하기

국외 거래소에서 본격적인 거래를 시작하기 위해서는 한 가지 중요한 절차를 겪어야 합니다. 국외 거래소에서는 원화의 직접적인 입금을 지원하지 않기 때문에 암호화폐 거래소에서 코인을 사서 국외 거래소로 옮겨야 합니다. 이 과정을 거쳐야 본격적으로 거래할 수 있기에 아주 중요한 부분이니 제가 제시한 가이드 라인을 꼭 따라주세요. 바이낸스 거래소를 기준으로 설명하겠습니다.

국내 거래소에서 USDT 구매 후
바이낸스로 입금하는 방법

바이낸스에서는 원화를 직접 입금할 수 없기 때문에, 국내 거래소에서 USDT테더를 구매한 후 국외 거래소로 전송해야 합니다.

USDT는 미국 달러와 가치가 1:1로 연동된 스테이블코인으로, 국외 거래소에서 가장 많이 사용되는 입·출금 방법입니다. 이번 과정에는 업비트와 바이낸스 애플리케이션을 모두 켜놓고 진행합니다.

1. [업비트] 업비트 사이트에서 테더 매수하기

· 업비트에서 바이낸스에 보낼 금액만큼 테더를 매수합니다.

2. [업비트] 업비트에서 테더 출금하기

· 입·출금, 테더 검색, 테더 선택 후 출금 버튼을 클릭합니다.

· 출금 네트워크 Tron, 출금 수량 입력 후 확인 버튼을 클릭합니다.

3. [바이낸스] 바이낸스에서 테더 주소 복사하기

· 바이낸스 애플리케이션을 켭니다.

· 바이낸스에서 Deposit 입금과 Deposit Crypto 코인 입금 순으로 클릭합니다.

· 코인이름 USDT 선택, 네트워크 TRX 선택 후 주소 복사하기 버튼을 클릭합니다.

4. [업비트] 바이낸스 지갑 입력하기

· 다시 업비트로 돌아와 받는 사람 주소에 조금 전 복사해 둔 '바이낸

스테더' 입금 주소를 붙여넣기 합니다.

· 출금 신청을 클릭합니다.

5. [바이낸스] 바이낸스에서 입금 확인

· 출금 신청하고 3~5분 정도 지난 다음 바이낸스를 실행합니다.

· 지갑 모양 아이콘을 클릭 후 Spot스폿으로 가서 테더가 잘 입금됐는지 확인합니다.

[업비트에서 테더 매수하기]

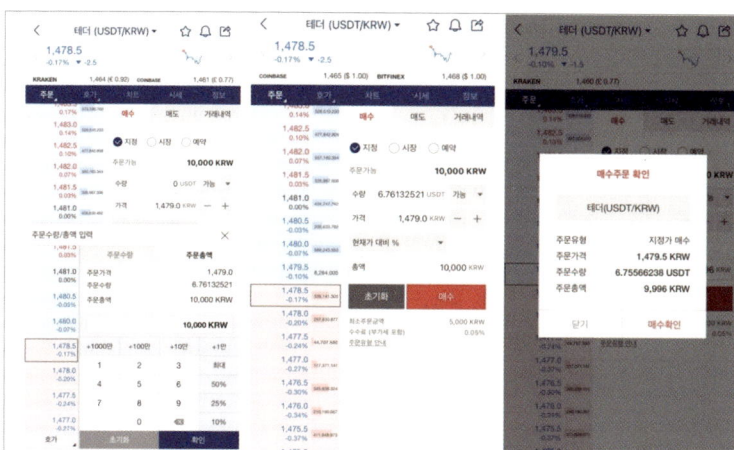

[테더 출금하기]

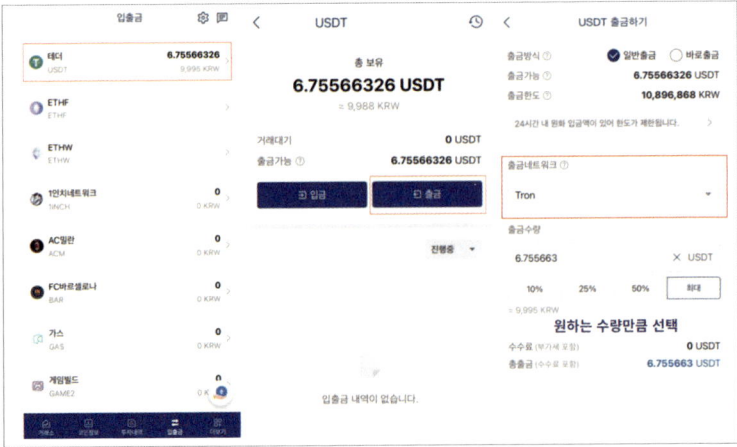

원하는 수량만큼 선택

[바이낸스 입금 주소 확인하기]

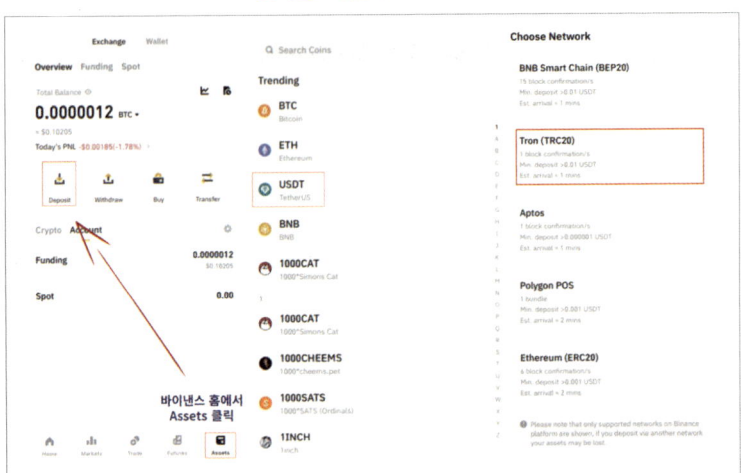

[바이낸스 입금 주소 확인, 업비트 출금 신청]

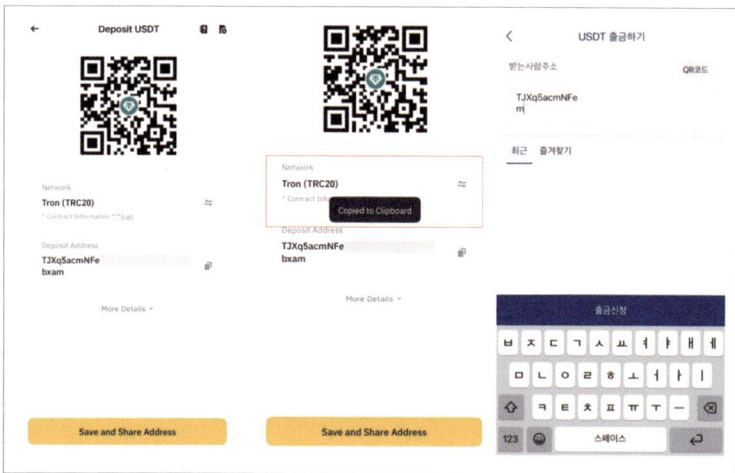

자, 이제 우리는 국외 거래소에서 암호화폐를 거래할 모든 준비를 마쳤습니다. 그럼 본격적으로 거래를 시작해 봅시다.

05
국외 거래소에서
암호화폐 거래 시작하기

바이낸스 USDT(테더) 입금 확인 후 거래 시작

1. 바이낸스 앱 실행 및 거래 메뉴 진입

· 바이낸스 앱을 실행합니다.

· 하단 메뉴에서 '거래Trade' 버튼을 선택합니다.

기본적으로 '현물Spot' 거래 화면이 열리며, 상단 메뉴에서 '현물'이 선택된 상태인지 확인합니다.

2. 거래할 암호화폐 검색 및 선택

· 거래하고자 하는 코인의 심볼명(예: BTC, ETH 등)을 화면 상단 검색창에 입력하거나, 매수하려는 코인을 선택합니다.

3. 주문 방식 선택

· 화면 중앙 아래에서 주문 방식을 선택할 수 있습니다.

- **지정가 주문**Limit Order: 사용자가 지정한 가격에 도달하면 주문이 체결됩니다.

- **시장가 주문**Market Order: 현재 시장에서 가장 유리한 가격으로 즉시 거래됩니다.

- **스톱리밋**Stop Limit Order: 설정한 가격에 도달하면 지정가 주문이 자동 실행됩니다.

- **트레일링 스탑**Trailing Stop Order: 시장이 유리한 방향으로 움직일 때 손절선을 자동 조정합니다.

- **OCO**Order Cancels the Other: 익절/손절 주문을 동시에 걸고, 하나가 체결되면 나머지는 자동 취소됩니다.

4. 매수 또는 매도 가격과 수량 설정

· 거래 방식 선택 후, 매수 또는 매도할 가격과 수량을 입력합니다.

· 시장가 주문은 가격 입력 없이 수량만 입력하면 됩니다.

· 입력이 완료되면 아래에 있는 '매수Buy' 또는 '매도Sell' 버튼을 눌러 주문을 제출합니다.

5. 주문 확인 및 체결 상태 확인

주문을 넣은 후, 거래 하단 메뉴 또는 상단의 '오픈오더Open Orders' 탭에서 주문 상태를 확인할 수 있습니다.

지정가 주문의 경우 시장가에 도달해야 체결되며, 시장가 주문은 즉시 체결됩니다.

체결 완료된 자산은 현물지갑 Spot Wallet 에 반영됩니다.

6. 보유 자산 확인하기

하단 메뉴에서 '지갑 Wallet' 탭을 눌러 현물 Spot 지갑으로 이동합니다.

여기서 현재 보유한 코인 목록, 수량, 평균 매입 단가 등을 확인할 수 있습니다.

필요 시 해당 자산을 선택해 추가 매수, 매도 또는 전송 등의 작업을 수행할 수 있습니다.

7. 현물 매도 방법

매도도 매수와 동일한 절차로 진행됩니다. 거래 화면에서 '매도 Sell' 탭을 선택한 후, 원하는 주문 방식, 가격, 수량을 설정합니다. '매도 Sell' 버튼을 눌러 주문을 제출하고, 체결 여부는 오픈오더 또는 지갑 메뉴에서 확인합니다.

이렇게 해서 국외 거래소 이용 방법을 자세히 살펴봤습니다. 마지막으로 국외 거래소 이용 시 주의 점에 대해서 한 번 더 살펴보겠습니다.

[바이낸스에서 거래하기]

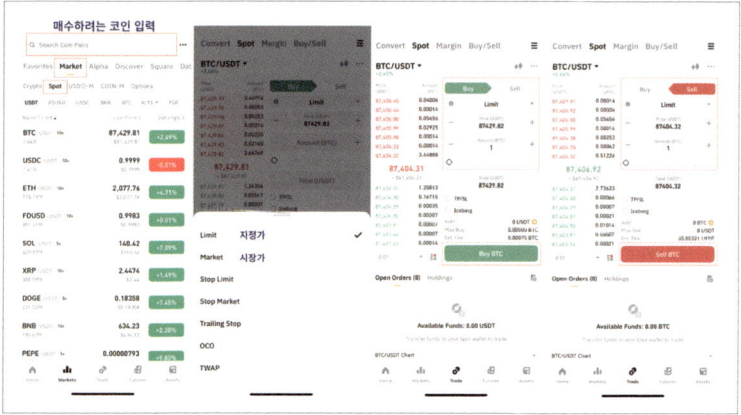

국외 거래소 이용 시 주의사항

규제 및 법적 이슈

국외 거래소 이용 시 한국의 규제와 해당 거래소가 위치한 국가의 규제를 모두 고려해야 합니다. 특히, 한국에서는 특정 금융거래 정보의 보고 및 이용 등에 관한 법률(특금법)에 따라 국외 거래소 이용 시 주의가 필요합니다. 국외 거래소에서 발생한 수익에 대해서도 추후 한국 세법에 따라 납세 의무가 발생할 수 있습니다.

보안

국외 거래소는 국내거래소에 비해 보안 사고의 위험이 더 높을 수 있습니다. 따라서 다음과 같은 보안 수칙을 반드시 지켜야 합니다.

- 강력한 비밀번호 사용
- 2단계 인증**2FA** 활성화
- 가능한 한 개인 지갑으로 자산을 옮겨 보관
- 피싱 사이트에 주의하고 항상 공식 URL을 통해 접속

환율 변동

국외 거래소에서는 주로 달러나 스테이블코인을 기준으로 거래가 이루어집니다. 따라서 원화 기준 수익률을 계산할 때는 환율 변동을 고려해야 합니다.

입·출금 제한

국외 거래소는 국내 거래소에 비해 입·출금 제한이 더 엄격할 수 있습니다. KYC 인증 수준에 따라 입·출금 한도가 다르게 적용될 수 있으므로, 거래 전 반드시 확인하세요.

거래소 평판

국외 거래소를 선택할 때는 해당 거래소의 평판을 꼭 확인해야 합니다. 거래량, 보안 사고 이력, 사용자 리뷰 등을 종합적으로 고려하세요.

국외 거래소를 활용하면 투자 포트폴리오를 다양화하고 자산을 효과적으로 분산시킬 수 있습니다. 다만, 항상 위험 관리를 최우선으로 고려하고, 책임 있는 투자 자세를 유지하는 것이 무엇보다 중요합니다.

제 8 장

내 암호화폐 안전하게 전용 금고에 보관하는 법

콜드월렛이란?

암호화폐를 거래할 때, 투자자들 대부분은 거래소를 이용합니다. 거래소에 암호화폐를 보관하면 편리하고 빠르게 매매할 수 있는 장점이 있습니다. 하지만, 거래소 해킹, 운영 중단, 출금 제한 등의 위험 요소도 있기 때문에 자신의 자산을 100% 거래소에만 의존하는 것은 현명한 방법이 아닐 수 있습니다. 마치 부자들이 자산의 일부를 금고에 보관하는 것과 비슷한 개념으로 암호화폐도 거래소가 아닌 전용 금고에 보관할 수 있는 방법이 있습니다.

이를 암호화폐 생태계에선 '콜드월렛Cold Wallet'이라 부릅니다. 특히, 장기 투자자나 보안에 민감한 투자자라면 콜드월렛을 활용하여 자산을 보호하는 것이 좋은 선택이 될 수 있습니다. 그렇다면, 콜드월렛의 종류와 각각의 특징을 자세히 살펴보겠습니다.

01 콜드월렛이란?

암호화폐를 보관하는 방법은 크게 콜드월렛Cold Wallet과 핫월렛Hot Wallet 으로 나뉩니다. 핫월렛은 인터넷에 연결된 상태에서 암호화폐를 보관하는 지갑입니다. 거래소 지갑, 모바일 지갑, 웹 지갑 등이 이에 해당합니다. 핫월렛은 사용하기 편하고 거래가 빠르지만, 인터넷과 연결된 상태이므로 해킹 위험이 더 높습니다. 거래소 해킹, 피싱 공격 등의 보안 위협이 항상 도사리고 있기 때문에 암호화폐를 안전하게 보관할 수 있는 방법으로 콜드월렛이 선택되고 있습니다. 콜드월렛은 암호화폐를 인터넷과 완전히 단절된 상태(오프라인)에서 보관하는 방식입니다. 해킹 위험이 없고 보안성이 뛰어나기 때문에 장기 투자자나 대규모 자산 보유자들이 주로 사용하는 방법입니다.

콜드월렛에는 다음과 같은 세 가지 유형이 있습니다.

- 종이 지갑 Paper Wallet

- 오프라인 소프트웨어 지갑 Air-Gapped Wallet

- 하드월렛 Hardware Wallet

그럼 각 방식이 어떻게 작동하는지 자세히 살펴보겠습니다.

02 콜드월렛의 종류와 사용법

1. 종이 지갑(Paper Wallet)

종이 지갑은 말 그대로 암호화폐 지갑 정보를 종이에 적어 보관하는 방식입니다. 쉽게 말해, 비밀번호(개인 키)와 계좌번호(공개 키)를 종이에 적어두고, 이걸 금고나 안전한 장소에 보관하는 것입니다. 비유를 하자면 은행 계좌에 돈을 두는 대신 현금을 직접 지갑에 넣어두는 것과 비슷합니다.

· 종이 지갑 사용 방법

① 종이 지갑 생성하기

종이 지갑 생성 사이트를 방문 후 인터넷이 연결된 상태에서 지갑 생성 프로그램을 다운로드합니다. 인터넷 연결을 끊은 후, 새로운 지갑 주소(공개 키)와 개인 키를 생성합니다.

개인 키와 공개 키를 종이에 출력하거나 손으로 적습니다.

〈종이 지갑 생성 사이트〉

- Bitcoin Paper Wallet(비트코인 전용)

    https://bitcoinpaperwallet.com

- MyEtherWallet^{MEW}(이더리움 전용)

    https://www.myetherwallet.com

- FujiCoin(다양한 암호화폐 지원)

    https://www.fujicoin.org/wallet_generator

② 암호화폐 입금하기

거래소나 다른 지갑에서 방금 생성한 종이 지갑의 공개 키(지갑 주소)로 암호화폐를 보냅니다(은행 계좌에 돈을 입금하는 것과 비슷한 원리입니다).

③ 종이 지갑 안전하게 보관하기

종이를 방수 처리가 된 지퍼백에 넣거나, 플라스틱 코팅하여 보관합니다. 금고, 서랍, 또는 안전한 장소에 보관하여 분실 위험을 줄입니다.

④ 암호화폐를 사용하고 싶다면?

종이 지갑에 있는 개인 키를 핫월렛으로 불러와야 합니다. 은행에서 현금을 인출하거나, 온라인 뱅킹에서 돈을 송금하는 것과 같은 원리라고 생각하시면 됩니다. 개인 키를 핫월렛에 입력하면, 지갑에 보관된 암호화폐를 사용할 수 있습니다. 보안을 위해, 종이 지갑을 한 번 사용한 후에는 새로운 종이 지갑을 생성하고 이전 개인 키는 더 이상 사용하지 않는 것이 좋습니다.

[비트코인 종이 지갑]

종이 지갑 생성 후 이런 형태로 출력해 보관하기도 하지만, 종이에 직접 적어 보관하기도 합니다.

암호화폐를 사용하려면 개인 키를 온라인 지갑 핫월렛으로 가져와야 합니다. 이 때문에 종이 지갑 Paper Wallet이 콜드월렛 Cold Wallet에 해당하는지에 대한 논란은 종종 제기됩니다. 이는 종이 지갑이 암호화폐의 개인 키를 인터넷과 완전히 분리된 상태로 보관할 수 있지만, 실제로 암호화폐를 사용하려면 결국 핫월렛Hot Wallet으로 불러와야 하기 때문입니다. 따라서 종이 지갑은 콜드월렛과 비슷한 특성을 가지지만, 사용 과정에서 핫월렛과 연결이 필요하다는 점에서 완전한 콜드월렛이라고 단정하기는 어렵습니다.

2. 오프라인 소프트웨어 지갑(Air-Gapped Wallet)

오프라인 소프트웨어 지갑은 인터넷에 연결되지 않은 상태에서 암호화폐를 저장하는 전용 프로그램을 의미합니다. 온라인 계좌(핫월렛)에서 돈을 이체할 때마다 비밀번호를 입력해야 하는데, 이 비밀번호(개인 키)를 인터넷과 단절된 컴퓨터(오프라인 소프트웨어 지갑)에서만 관리하는 방식입니다. 즉, 해킹을 방지하기 위해 비밀번호를 인터넷이 연결되지 않은 컴퓨터에서만 사용하고, 온라인에서는 절대 직접 입력하지 않는다고 생각하면 됩니다.

· 오프라인 소프트웨어 지갑 사용 방법

예를 들어, 비트코인을 전송한다고 가정해 보겠습니다.

① 온라인 기기(핫월렛 또는 거래소)에서 송금 요청

내가 보내고 싶은 금액과 받는 주소를 입력합니다. 개인 키를 입력하지 않고, 단순히 거래 요청 파일을 생성합니다.

② 거래 요청 파일을 USB에 저장하여 오프라인 기기로 이동

이때 중요한 것은 개인 키는 오프라인 기기에만 저장되어 있어야 한다는 것입니다.

③ 오프라인 소프트웨어 지갑에서 서명Signing 진행

오프라인 기기(인터넷이 차단된 컴퓨터)에서 거래 요청 파일을 불러옵니다. 오프라인 소프트웨어 지갑에서 개인 키를 이용해 거래에 디지털 서명을 합니다. 서명이 끝나면 서명된 파일을 다시 USB에 저장합니다.

④ 서명된 파일을 다시 온라인 기기로 옮기고, 블록체인 네트워크에 전송

USB를 통해 서명된 파일을 온라인 기기로 이동합니다. 온라인 기기에서 서명된 파일을 블록체인 네트워크에 전송하면 거래가 완료됩니다.

· **오프라인 소프트웨어 다운받는 방법**

오프라인 소프트웨어 지갑은 보통 공식 웹사이트에서 무료로 다운로드할 수 있습니다. 대표적인 프로그램과 공식 웹사이트 주소를 알려드리겠습니다.

- **Electrum**(비트코인 전용): https://electrum.org
- **Wasabi Wallet**(프라이버시 강화 지갑): https://wasabiwallet.io
- **Armory**(고급 보안 기능 제공): https://btcarmory.com

이러한 소프트웨어 지갑을 다운로드할 때는 반드시 공식 웹사이트를 이용해야 하며, 가짜 웹사이트에서 다운로드할 경우 해킹 위험이 있으므로 주의가 필요합니다. 공식 사이트에서 다운로드한 후에는 파일이 변조되지 않았는지 확인하고, 인터넷과 단절된 상태에서 개인 키를 생성하고 백업하는 것이 보안상 필수적입니다.

3. 하드월렛(Hardware Wallet)

하드월렛은 암호화폐를 보관하는 작은 전자 기기입니다. 인터넷과 분리된 상태에서 암호화폐를 보호할 수 있어 해킹 위험이 낮고, 물리적인 기기 안에서만 개인 키가 저장되므로 가장 안전한 암호화폐 보관 방법 중 하나로 평가받고 있습니다.

· 하드월렛 사용 방법

① 하드월렛 구매 및 연결

신뢰할 수 있는 브랜드의 하드월렛을 구매합니다. 대표적인 하드월렛으로는 Ledger레저, Trezor트레저, KeepKey킵키 등이 있습니다. 기기를 컴퓨터나 스마트폰에 USB 또는 블루투스로 연결합니다.

② 초기 설정 및 복구 문구 보관

초기 설정 과정에서 복구 문구Seed Phrase, 12~24개 단어가 제공됩니다. 복구 문구는 종이에 적어 금고에 보관하고, 절대 온라인에 저장하지 않습니다. 여기서 복구 문구란 하드월렛을 분실하거나 고장났을 때, 자산을 복구할 수 있도록 해주는 12~24개의 단어 조합입니다. 은행 계좌 비밀번호를 찾을 때 신분증과 인증이 필요하듯, 하드월렛에서는 복구 문구가 그 역할을 합니다. 이 문구만 있으면 새로운 하드월렛이나 소프트웨어 지갑에서 기존 자산을 복구할 수 있습니다. 쉽게 말해 하드월렛이 사라지더라도, 이 문구만 있으면 다른 기기에서 다시 암호화폐를 불러올 수 있게 됩니다.

③ 암호화폐 전송 및 보관

거래소나 핫월렛에서 하드월렛의 지갑 주소로 암호화폐를 전송하여 보관합니다.

④ 암호화폐를 사용하고 싶다면?

암호화폐를 사용하려면 하드월렛을 컴퓨터나 스마트폰에 연결한 뒤, 하드월렛의 버튼을 눌러 거래를 승인해야 합니다. 실제 기기가 있어야만 송금이 가능하므로 해킹이 거의 불가능합니다.

[하드월렛의 실제 모습]

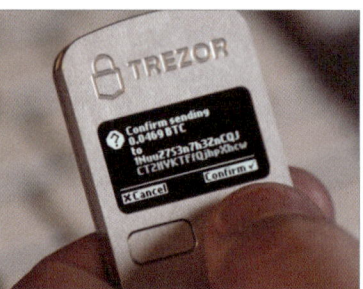

03
콜드월렛 활용해
내 자산 보호하기

앞서 콜드월렛의 세 가지 종류에 대해서 알아봤습니다. 콜드월렛에는 종이 지갑, 오프라인 소프트웨어 지갑, 하드월렛이 있으며, 설명한 것처럼 암호화폐를 보관하는 방식은 각각 조금의 차이가 있습니다. 투자자의 성향과 보안 수준에 따라 보관 방식을 신중하게 선택하는 것이 중요합니다.

콜드월렛은 인터넷과 단절된 상태에서 암호화폐를 안전하게 보관하는 방법입니다. 해킹이나 온라인 공격의 위험이 없어 장기적인 자산 보호에 효과적이지만 분실하거나 훼손될 경우 복구가 어렵다는 단점이 있으며, 거래를 위해 핫월렛으로 옮겨야 하는 번거로움이 있을 수 있습니다.

2025년 현재는 콜드월렛 중 하드월렛Hardware Wallet이 가장 많이 사용되고 있으며, 종이 지갑Paper Wallet은 보관상의 불편함으로 인해 점차 사용이 줄어드느 추세입니다. 콜드월렛을 사용할 때는 기기가 물리적으로 손상되거나 분실되지 않도록 주의해야 하며, 안전한 장소에 보관하는 것이 중요합니다. 이를 위해 복구 문구 보호, 정품 기기 사용, 안전한 보관 장소 확보 등을 신중히 검토해야 합니다.

암호화폐 시장 가격에 영향을 주는 요인

경제지표와 암호화폐 시장

이제 거래소 사용법까지 익혔다면, 본격적으로 다양한 투자 기법과 유용한 정보를 살펴보겠습니다. 초보 투자자분들도 이 책에서 소개하는 정보를 잘 활용한다면, 암호화폐 시장에서 안정적으로 투자를 이어나갈 수 있습니다.

암호화폐, 특히 비트코인은 시간이 지나면서 다양한 경제지표와 전통 자산들과의 관계가 변화해왔습니다. 초기에는 전통 금융시장과 거의 연결되지 않은 독립적인 자산으로 시작했으나, 최근에는 주요 경제지표와 전통 자산들과의 상관관계가 점점 더 깊어지고 있습니다.

주요 경제지표가 암호화폐 시장에 미치는 영향과 비트코인과 주요 전통 자산(주식, 금, 달러) 간의 상관관계를 살펴보며, 투자자들이 이를 어떻게 활용할 수 있는지 알아보겠습니다.

01
경제지표와 암호화폐 시장

· 금리와 암호화폐 시장

금리는 암호화폐 가격에 상당한 영향을 미치는 중요한 경제 변수입니다. 일반적으로 금리와 암호화폐 가격은 역의 관계를 보이는 경향이 있습니다.

금리 인하 ⇒ 암호화폐 가격 상승 가능성 ⇑

금리가 낮아지면 차입 비용이 줄어들어 투자자들이 더 많은 자금을 위험자산(주식, 암호화폐 등)에 투자하는 경향이 강해집니다.

금리 인상 ⇒ 암호화폐 가격 하락 가능성 ⇑

금리가 상승하면 차입 비용이 증가하고 유동성이 줄어들어, 위험자산에서 자금이 빠져나갈 가능성이 큽니다.

· M2 지표와 암호화폐 시장

M2는 현금, 요구불예금, 저축성 예금 등 다양한 금융자산을 포함한 통화량 지표로, 유동성을 측정하는 데 활용됩니다. 역사적으로 글로벌 M2 상승과 비트코인 가격 상승 사이에는 강한 상관관계가 있었습니다. 코로나19 팬데믹 기간 동안 각국 정부는 전례 없는 규모의 경기부양책을 단행했고, 그 결과 M2 통화 공급이 엄청나게 증가했습니다. 이러한 확장은 인플레이션 공포로 이어졌고, 비트코인은 매력적인 '안전한 피난처'가 되었으며 가격을 상승시켰습니다. M2가 증가하면 시장에 유동성이 풍부해져 다양한 자산으로의 자금 유입이 증가하고, 반대로 M2가 축소되면 유동성이 줄어들면서 자산 가격이 하락할 가능성이 커집니다.

[글로벌 M2와 비트코인 가격의 상관관계]

출처: https://en.coin-turk.com

M2 증가 ⇒ 암호화폐 가격 상승 가능성⇑

중앙은행이 통화 완화 정책을 시행하면 M2가 증가합니다. 시장에 풀린 자금이 늘어나면서 투자자들은 보다 위험자산(비트코인, 주식 등)에 투자할 가능성이 커집니다.

M2 감소 ⇒ 암호화폐 가격 하락 가능성⇑

반대로 금리 인상이나 긴축 정책으로 M2가 감소하면, 유동성이 줄어들고 투자자들은 안전자산(달러, 국채)으로 이동할 가능성이 커집니다. 이는 암호화폐 시장에 악영향을 미칠 수 있습니다.

· 인플레이션과 암호화폐(CPI 지수)

인플레이션은 암호화폐, 특히 비트코인의 가치에 직접적인 영향을 미치는 요소입니다. 일부 투자자들은 비트코인을 인플레이션 헤지(물가 상승 방어) 수단으로 간주하기도 합니다.

인플레이션 상승 ⇒ 비트코인 수요 증가 가능성⇑

인플레이션이 지속되면 법정화폐의 구매력이 떨어지기 때문에, 투자자들은 희소성이 있는 자산(금, 비트코인 등)에 투자하려는 경향이 커집니다. 2021년, 미국의 소비자물가지수[CPI] 상승률이 7%를 넘었을 때, 비트코인 가격이 사상 최고치(6만9천 달러)를 기록했습니다. 하지만 높은 인플레이션이 지속될 경우, 중앙은행은 긴축 정책(금리 인상, M2 감소)을 통해 물가를 조절하려 합니다. 이 과정에서 시장 유동성이 줄어들면서 위험자산인 비트코인이 하락할 수도 있습니다.

02 비트코인과 미국 주식 시장의 상관관계

· **비트코인과 나스닥 지수**

최근 몇 년간 비트코인과 미국 주식시장(나스닥 지수)의 상관관계는 점차 강화되어 왔습니다. 비트코인은 위험 자산으로 여겨져 주식시장, 특히 기술 주 중심의 나스닥과 유사한 움직임을 보이는 경우가 많습니다. 예를 들어, 2020년 팬데믹 기간 동안 대규모 통화 완화 정책으로 뉴욕 지수와 비트코인이 동시에 상승했습니다. 비트코인과 나스닥 간의 상관계수는 0.7 이상으로 나타나 강한 양의 상관관계를 기록했습니다.

◆ **나스닥 지수**: 미국의 기술주 중심 주식시장인 나스닥(NASDAQ)에서 거래되는 주식들의 가격 변동을 나타내는 지수로, 주로 기술, 바이오테크, 소프트웨어 등 첨단 산업 분야의 기업들이 포함되어 있습니다.
◆ **상관계수**: 두 변수 간의 선형적 관계를 나타내는 통계적 측정값으로, -1에서 1 사이의 값을 가집니다. 1에 가까울수록 강한 양의 상관관계를, -1에 가까울수록 강한 음의 상관관계를 의미합니다.

· 최근 5년간의 변화

- 2017~2019년: 비트코인과 나스닥 지수간의 상관관계는 낮은 수준 (약 0.1~0.3)을 유지했습니다. 이는 비트코인이 독립적으로 움직이는 경향이 강했음을 의미합니다.
- 2020~2021년: 코로나19로 인해 경제 불확실성이 커지자 양 자산 간의 상관관계가 0.7 이상으로 강화되었습니다.
- 2022~2024년: 연준의 금리 인상 시기에는 나스닥과 비트코인이 동반 약세를 보였지만, 상관관계는 지속되었습니다.

· 현재의 상관관계

비트코인과 나스닥 간의 상관계수는 최근 몇 년간 변동성이 컸습니

[나스닥 지수와 비트코인 가격의 상관계수]

다. 2024년 중반에는 30일 상관계수가 0.46로 떨어졌으나, 2025년 초에는 다시 상승하여 0.70 이상으로 기록되었습니다.

03 비트코인과 달러인덱스(DXY)

DXY달러인덱스는 미국 달러의 가치를 주요 6개 통화 대비 지수화한 것입니다. 일반적으로 비트코인과 DXY는 역의 상관관계를 보입니다. 다시 말해 달러의 가치가 상승하면 비트코인 가격은 하락하고, 달러의 가치가 하락하면 비트코인 가격은 상승하는 경향이 있습니다. 이는 달러 가치 하락 시 투자자들이 대체 자산으로 비트코인을 선택하는 경향이 있기 때문입니다. 그러나 이 상관관계도 절대적이지 않으며, 시장 상황과 투자자 심리에 따라 변동할 수 있습니다. 따라서 투자자들은 DXY 지수의 변화를 주시하면서 비트코인 시장의 동향을 파악하는 것이 좋습니다.

· **역상관 관계**

일반적으로 달러인덱스가 강세를 보이면 비트코인의 수요가 감소하고, 반대로 약세를 보이면 비트코인이 상승합니다. 이는 달러가 강세일 때 자금이 안전 자산으로 이동하고, 약세일 때는 위험 자산으로 이동하는 투자 심리 때문입니다.

비트코인과 거시경제, 전통 자산 간의 상관관계는 투자자들에게 암호화폐 시장을 이해하고, 전략적으로 대응할 수 있는 중요한 힌트를 제공합니다. 그러나 절대적으로 고정된 관계는 아닙니다. 여러 가지 경제 환경과 투자 심리에 따라 변동됩니다. 최신 데이터를 바탕으로 시장을 분석하고, 지표 간의 상관관계를 유연하게 해석하여 보다 신중한 투자 결정을 내려야 합니다.

04

도움이 되는 다양한 코인 지표

암호화폐 시장을 이해하고 투자 결정을 내리는 데 도움이 되는 여러 지표가 있습니다. 시장 참여자들이 필수적으로 확인하는 몇 가지 지표를 소개하겠습니다. 이를 통해 시장을 이해하는 데 도움을 받으실 수 있습니다.

1. 시가총액 Market Cap

전체 암호화폐 시장의 시가총액은 시장의 규모와 흐름을 파악하는 데 중요한 지표입니다. 시가총액은 시장에 유입된 자금의 총량을 나타내며, 암호화폐 시장이 성숙해가는 과정을 이해하는 데 도움을 줍니다. 시장이 상승세에 있을 때 시가총액이 증가하는 경향을 보이며, 이는 투자자들의 관심과 자금이 암호화폐로 유입되고 있음을 의미합니다. 반대로 시가총액이 하락하면 투자자들이 자금을 회수하거나 시장에서 이탈

[암호화폐 1년간의 시가총액]

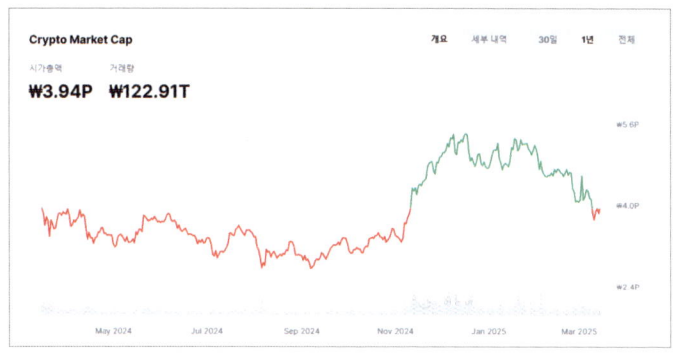

하고 있음을 나타냅니다. 이 지표를 활용하면 현재 암호화폐 시장의 전체적인 방향성을 이해할 수 있습니다.

2. 비트코인 도미넌스 Bitcoin Dominance

비트코인 도미넌스는 비트코인이 전체 암호화폐 시장에서 차지하는 시가총액 비율을 나타냅니다. 이 지표는 시장의 자금 흐름을 파악하는 데 중요한 역할을 합니다.

'도미넌스가 상승하면 투자자들이 비트코인에 상대적으로 더 많은 자금을 투입하고 있다'는 뜻이며, 이는 알트코인 시장에 대한 보수적인 접근을 시사할 수 있습니다. 반대로 도미넌스가 하락하면 알트코인 시장으로 자금이 이동하고 있다는 신호로, 알트코인 투자 비중을 늘릴 기회를 엿볼 수 있게 됩니다.

[비트코인과 이더리움 도미넌스]

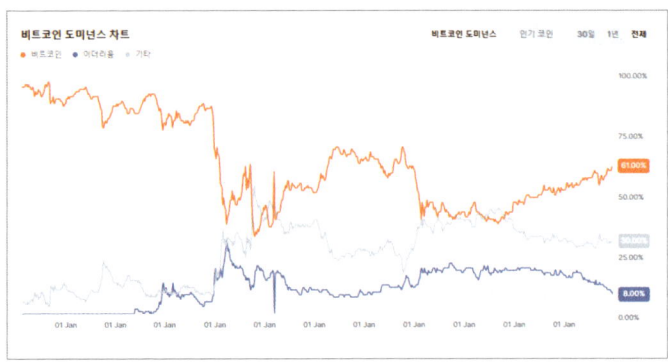

3. 알트코인 시즌 지수 Altcoin Season Index

알트코인 시즌 지수는 시장에서 알트코인이 비트코인보다 더 나은 성과를 내고 있는지를 측정하는 지표입니다. 이 지표는 알트코인의 시가총액과 가격 변동이 비트코인을 얼마나 초과했는지를 보여줍니다. 지수가 높아지면 알트코인 시장의 강세를 의미하며, 알트코인 투자 비중

[알트코인 시즌 지수]

을 높일 타이밍일 수 있습니다. 반대로 지수가 낮다면 비트코인 중심의 투자 전략이 더 안전할 수 있음을 의미합니다.

4. 공포와 탐욕 지수Fear And Greed Index

공포와 탐욕 지수는 투자자들의 감정을 수치로 나타낸 지표입니다. 공포Fear는 투자자들이 불안감을 느끼고 있다는 신호로, 시장이 과매도 상태일 가능성을 나타냅니다. 반대로 탐욕Greed은 투자자들이 지나치게 낙관적인 상태로, 시장이 과매수 상태일 가능성을 의미합니다. 공포 지수가 상승하면 저가 매수 기회를 포착할 수 있는 시점이며, 탐욕 지수가 상승하면 차익 실현이나 보수적 투자 전략을 고려하는 것이 좋습니다. 관련 데이터를 제공하는 외부 리소스를 활용하여 지표를 확인하고 투자 전략에 반영할 수 있습니다.

[공포 탐욕 지수]

5. ETF 순유입 차트 ETF Net Inflow Chart

ETF 순유입 차트는 특정 자산을 기반으로 한 ETF에서 발생하는 자금 유입과 유출의 차이를 나타내는 지표입니다. 이는 투자자들의 시장 심리와 기관 투자자들의 포지셔닝을 파악하는 데 중요한 역할을 합니다.

- **ETF 순유입** Net Inflow: ETF로 유입된 자금이 유출된 자금 보다 많을 경우, 해당 자산에 대한 투자자들의 수요가 증가하고 있음을 의미합니다. 이는 강세 신호로 해석될 가능성이 높습니다.

- **ETF 순유출** Net Outflow: ETF에서 빠져나간 자금이 유입된 자금보다 많다면, 해당 자산에 대한 투자자들의 신뢰가 감소하고 있음을 나타냅니다. 이는 약세 신호로 작용할 수 있습니다.

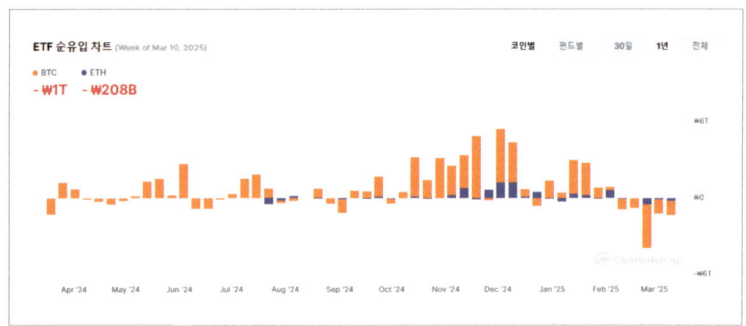

[비트코인 이더리움 ETF 순유입 차트]

소개한 지표들은 암호화폐 시장의 흐름을 읽고, 신중한 투자 결정을 내리는 데 도움이 될 겁니다. 이 지표들을 꾸준히 모니터링 하면서, 현재 시장의 흐름을 파악하고 그에 맞는 투자 전략을 세운다면, 어렵게만 느껴졌던 암호화폐 시장에서의 투자에서도 자신감이 생길 겁니다.

　앞서 설명한 지표들은 '코인마켓캡' 사이트에서 모두 확인해볼 수 있습니다. 사이트 주소를 공유할테니 수시로 들어가서 살펴보시면 시장 분위기를 파악하는 데 많은 도움이 됩니다.

[코인마켓캡 사이트 주소]

https://coinmarketcap.com/ko

제 10 장

알아두면 계속 써먹는 기본적 차트분석

01
기본적인 차트 보는 법

암호화폐 차트를 읽는 것은 투자와 거래의 첫걸음입니다. 차트는 코인의 과거 가격 움직임을 시각적으로 보여주고, 미래 가격을 예측하는 데 도움을 줍니다. 아주 기본적인 차트 설명부터 투자의 방향성을 잡아 줄 보조지표까지 설명하겠습니다.

① 차트의 기본 구성

- **X축(가로축)**: 시간이 표시됩니다. 하루, 한 달, 1년 등 특정한 기간 동안의 가격 변화를 볼 수 있습니다.
- **Y축(세로축)**: 코인의 가격이 표시됩니다. 가격이 얼마나 올랐는지, 내렸는지를 확인할 수 있습니다.

② 대표적인 차트 종류

· 라인 차트 Line Chart

간단히 말해, 코인의 가격이 시간에 따라 어떻게 변했는지를 선으로 연결한 그래프입니다. 보통 지정된 기간의 종가의 초점을 맞춰 점과 점을 선으로 연결합니다. 초보자도 한 눈에 시장의 전반적인 추세를 파악하기 쉽습니다.

[라인 차트]

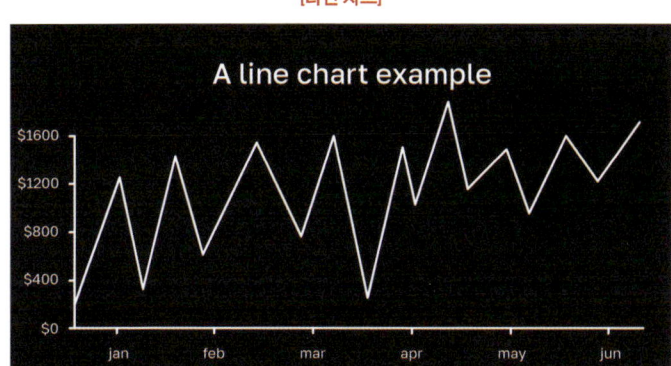

· 캔들스틱 차트 Candlestick Chart

일본식 캔들 차트라고도 불리며, 각 '캔들'은 특정 시간 동안의 가격 변화를 나타냅니다. 보통 하루 동안의 가격 흐름을 막대 그래프로 표시합니다.

[캔들 차트]

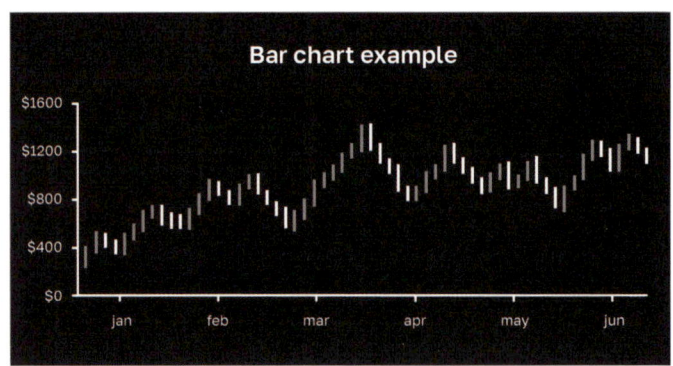

- 국내 주식 시장과는 다르게 코인은 뉴욕 시장의 색상과 의미하는 바가 같습니다. 뉴욕증시는 빨간색(가격 하락), 녹색(가격 상승)을 의미합니다. 하지만 국내 거래소 차트는 대부분 국내 주식과 같은 형태로 표기합니다.
- 캔들의 몸통과 꼬리를 통해 최고가, 최저가를 알 수 있습니다.

[비트코인 가격 캔들 차트]

출처: 업비트

- **녹색 캔들**: 가격이 올랐음을 의미합니다(시작가 < 종가).
- **빨간색 캔들**: 가격이 내렸음을 의미합니다(시작가 > 종가).

③ 주요 개념 : 지지선과 저항선

지지선Support은 코인의 가격이 더 이상 떨어지지 않고 반등하는 특징이 있는 선입니다.

쉽게 말해, 가격이 떨어지다가 멈추는 '바닥'이라고 생각하면 됩니다. 예를 들어, 비트코인 가격이 여러 차례 3만 달러까지 떨어졌다가 다시 올라간다면, 3만 달러가 지지선이 될 수 있습니다.

'지지선이 형성되는 이유는 무엇일까요?'

이는 많은 투자자들이 그 가격 수준에서 코인이 저평가되었다고 생각하기 때문입니다. 가격이 지지선에 가까워지면, 매수하려는 투자자들이 적극적으로 매수에 나서면서 가격 하락을 막는 것입니다.

'반대로, 저항선Resistance은 무엇일까요?'

저항선은 코인의 가격이 더 이상 오르지 않고 하락하는 특징이 있는 가격 수준을 의미합니다. 이는 가격 상승의 '천장'이라고 볼 수 있습니다. 이더리움 가격이 여러 차례 2천 달러까지 올랐다가 다시 떨어진다면, 2천 달러가 저항선이 될 수 있습니다. 저항선이 형성되는 이유는 많은 매도자들이 그 가격 수준에서 코인이 고평가되었다고 판단하기 때문입니다. 가격이 저항선에 가까워지면, 매도하려는 투자자들이 적극적으로 매도에 나서면서 가격 상승을 막는 것입니다.

지지선과 저항선의 중요성

이 두 개념은 투자자들에게 매우 중요한 정보를 제공합니다. 지지선은 매수 기회를, 저항선은 매도 기회를 나타낼 수 있습니다. 이 선들이 깨지는 경우(가격이 지지선 아래로 떨어지거나 저항선 위로 올라가는 상황) 큰 가격 변동이 일어날 수 있다는 신호일 수 있습니다.

지지선과 저항선은 고정된 것이 아니라 시간이 지남에 따라 변할 수 있습니다. 과거의 저항선이 깨지고 나면 새로운 지지선이, 반대로 과거의 지지선이 깨지면 새로운 저항선이 될 수 있습니다. 이를 '역할 전환'이라고 부릅니다.

'투자자들은 이 개념을 어떻게 활용할 수 있을까요?'

많은 투자자들은 지지선 근처에서 매수를, 저항선 근처에서 매도를 고려합니다. 예를 들어, 비트코인 가격이 3만 달러 지지선에 가까워지면 매수 기회로 보고, 4만 달러 저항선에 가까워지면 매도 기회로 볼 수 있습니다. 그러나 이는 절대적인 규칙이 아니라는 점을 명심해야 합니다. 때로는 가격이 지지선을 뚫고 더 떨어지거나, 저항선을 뚫고 더 오를 수 있습니다. 따라서 항상 리스크 관리를 염두에 두고 거래해야 합니다.

지지선과 저항선은 유용한 도구이지만, 완벽한 예측 도구는 아닙니다.

가격이 지지선이나 저항선을 일시적으로 넘어섰다가 되돌아오는 경우가 많습니다. 이를 거짓 돌파Fake Breakout라 부르며, 이를 확인하기 위해서는 거래량을 반드시 점검해야 합니다. 지지선과 저항선은 시장 참여자들의 심리와 행동을 반영하는 중요한 기술적 도구입니다. 이를 정확히 구하고, 투자 전략에 적절히 활용한다면 매매에 있어서 많은 도움을 받을 수 있습니다. 다만, 이 선들은 절대적인 기준이 아니며, 시장 상황과 함께 유연하게 분석하는 것이 중요합니다.

02
도움이 되는 보조지표
(이동평균선, 거래량, RSI, 볼린저밴드)

차트를 이해했다면 이제 보조지표를 활용해 시장의 흐름을 더 잘 읽어 볼 수 있습니다. 보조지표는 '숫자'와 '그래프'로 시장의 상태를 분석하는 도구입니다.

① 이동평균선 Moving Average

기술적 분석에서 가장 기본적인 보조지표 중 하나가 바로 이동평균선입니다. 5일 이동평균선은 5일 동안의 자산 가격 평균값을 나타내는 것이고, 10일 이동평균선은 10일간의 자산 가격 평균값을 나타내는 겁니다.

만약 5일 이동평균선이 1만 원이고 현재 가격이 1만1천 원이라면 '이동평균선 위에 있다'라고 표현합니다. 현재 주가가 특정 이동평균선 위에 있다는 것은 해당 기간 동안의 평균 가격보다 높은 위치에 있음을 나타냅니다. 이는 상승세가 지속될 가능성이 있음을 암시하며, 투자자들에게 긍정적인 신호가 될 수 있습니다. 특히, 단기 이동평균선(5일, 10일)이 장기 이동평균선(60일, 120일) 위로 교차해 올라가는 경우는 흔히 '골든크로스'라고 부르며, 상승 신호로 해석됩니다.

반대로, 단기 이동평균선이 장기 이동평균선 아래로 내려갈 때는 '데드크로스'라 하며, 하락 신호로 해석됩니다. 이동평균선만으로 판단하기보다는, 거래량, 다른 보조지표, 차트 패턴 등과 함께 분석하는 것이 중요합니다.

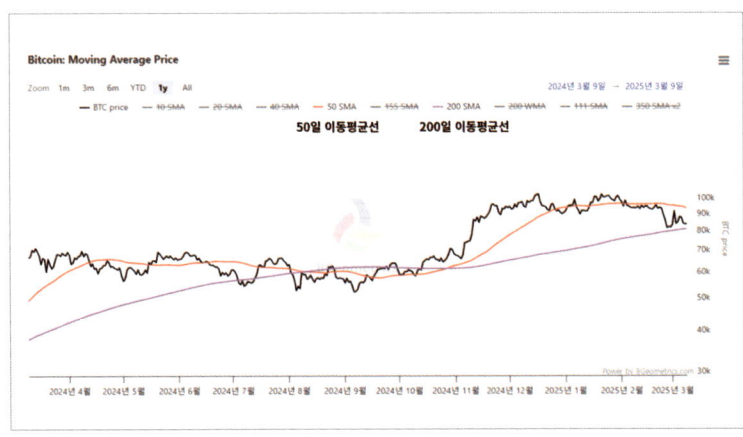

[비트코인 50일 200일 이동평균선]

② 거래량

거래량은 일정 기간 동안 암호화폐가 얼마나 많이 사고 팔렸는지를 보여주는 숫자입니다. 쉽게 말해, '시장에서 이 종목이 얼마나 인기 있는지'를 알 수 있는 지표라고 할 수 있습니다. 예를 들어, 비트코인의 가격이 1코인 당 5천만 원인데 거래량이 평소보다 두 배로 늘었다면, 사람들이 지금 비트코인을 활발히 사고팔고 있다는 의미입니다. 가격이 거래량과 함께 오른다면, '사람들이 많이 사고 있어서 오르는구나'라고 생각할 수 있습니다.

실제로 투자를 하다보면 가격이 상승이나 하락을 하기 전에 거래량이 크게 늘어나는 상황을 많이 볼 수 있습니다. 다양한 경우의 수가 있을 수 있겠지만, 거래량이 많고 가격이 함께 오르고 있다면 시장에서 활발한 거래가 이루어지며 상승세가 지속될 가능성이 있습니다. 반면, 거래량이 적은 상태에서 가격만 오르는 경우에는 일시적인 가격 변동일 수 있으므로 주의 깊게 살펴보는 것이 좋습니다.

- 거래량은 보통 가격 차트 아랫단에 막대그래프로 확인할 수 있습니다. 업비트처럼 24시간 거래량을 직접 숫자로 표기해주는 거래소도 많습니다.
  - **빨간색**: 전일보다 당일 거래량이 증가했음을 의미합니다. 이는 시장 참여가 활발해졌음을 나타냅니다.
  - **파란색**: 전일보다 당일 거래량이 감소했음을 의미합니다. 이는 시장 참여가 줄어들었음을 나타냅니다.

[비트코인 거래량]

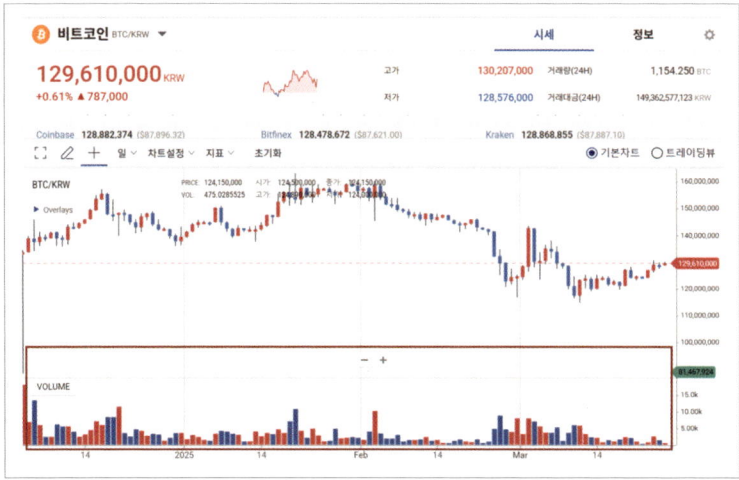

③ RSI(상대강도지수Relative Strength Index)

RSI는 지금 주식이나 코인이 너무 많이 올라서 '과열'된 상태인지, 아니면 너무 많이 떨어져서 '싸진' 상태인지를 숫자로 보여주는 지표입니다. 쉽게 말해, 코인이 너무 비싸게 팔리는지, 아니면 할인 중인지 알려주는 '온도계' 같은 지표라고 이해하시면 됩니다. RSI의 값은 값은 0에서 100 사이로 표시됩니다.

· **70 이상 과매수**(코인가격이 저평가 상태) ⇒ 곧 하락 가능성
· **30 이하 과매도**(코인가격이 과열 상태) ⇒ 곧 상승 가능성

RSI는 간단하면서도 강력한 도구로, 투자자가 시장의 과열 또는 과매도 상태를 판단하고 전략을 세우는 데 유용합니다. 하지만 RSI는 다른 지표와 함께 활용할 때 가장 효과적이며, 단독으로 사용할 경우 오판할 위험이 있으므로 신중하게 접근하는 것이 좋습니다.

④ 볼린저 밴드

볼린저 밴드는 가격의 변동 범위를 시각적으로 보여주는 기술적 분석 도구입니다. 쉽게 말해, 현재 가격이 높은 편인지, 낮은 편인지 판단하는 데 도움을 주는 보조지표입니다.

1) 볼린저 밴드의 구성

볼린저 밴드는 총 세 개의 선으로 이루어져 있습니다.

- **중앙선(기준선, SMA)**: 특정한 기간의 이동평균선입니다(보통 20일 이동평균선을 사용). 가격이 이 선 위에 있으면 강세(상승 추세), 아래에 있으면 약세(하락 추세)로 볼 수 있습니다.
- **상단 밴드**Upper Band: 중앙선에서 표준편차(가격 변동성을 나타내는 값)를 더한 선. 주로 과매수(너무 많이 올랐을 가능성) 구간으로 볼 수 있습니다.
- **하단 밴드**Lower Band: 중앙선에서 표준편차를 뺀 선 주로 과매도(너무 많이 떨어졌을 가능성) 구간으로 볼 수 있습니다.

2) 볼린저 밴드의 원리 이해하기

- **밴드가 좁아지면(수축)**

  가격 변동성이 낮고, 앞으로 큰 움직임이 나올 가능성이 큼(이걸 '스퀴즈 현상'이라고 함)

  가격이 어느 한쪽으로 크게 움직일 준비를 하고 있다고 볼 수 있음

- **밴드가 넓어지면(확장)**

  가격 변동성이 커졌다는 의미입니다. 일정 기간 급등 또는 급락한 뒤에는 다시 좁아질 가능성이 있습니다.

- **가격이 상단 밴드에 닿으면 보통 과매수 상태로 간주**

  하지만 상승 추세가 강하면 계속 올라갈 수도 있음 ⇒ 반드시 매도 신호는 아님

- **가격이 하단 밴드에 닿으면 보통 과매도 상태로 간주**

  하지만 하락 추세가 강하면 더 떨어질 수도 있음 ⇒ 반드시 매수 신호는 아님

볼린저 밴드는 가격 변동 범위를 보여주는 도구로, 가격이 상단에 있으면 과매수, 하단에 있으면 과매도로 해석할 수 있습니다. 하지만 단독으로 쓰기보다는 RSI 같은 다른 지표와 함께 활용하는 것이 중요합니다.

03
거래소에서 지표 보는 법

[업비트에서 지표 보기]

· **지표 설정하기**

원하는 지표를 설정하면 업비트 내에서 바로 보조 지표를 활용할 수 있습니다. 순서대로 이동평균선, RSI, 볼린저밴드 지표를 설정해보겠습니다.

· **이동평균선**

'지표' 메뉴에서 '이동평균선'을 선택합니다.

기본적으로는 50일 이동평균선이 표기됩니다. 다시 '지표' 버튼을 누르면 내가 설정한 이동평균선을 확인할 수 있습니다.

[지표 설정하기]

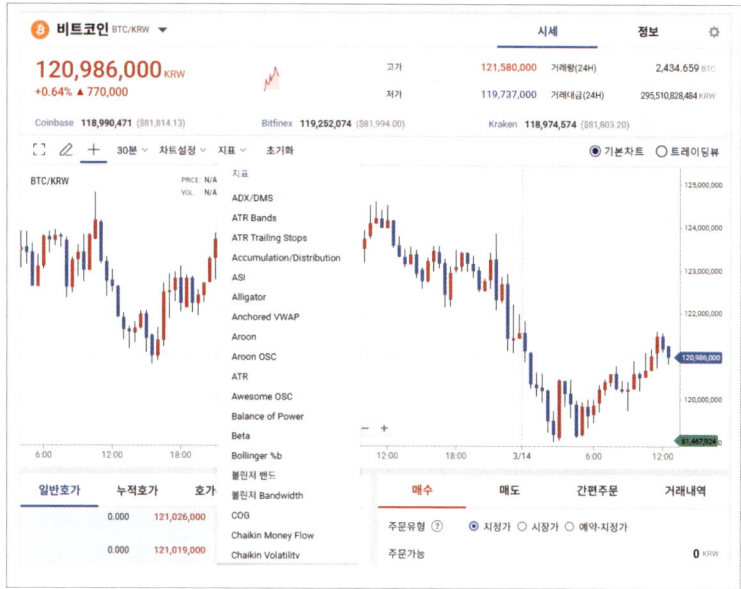

[이동평균선 추가하기]

[이동평균선 설정하기]

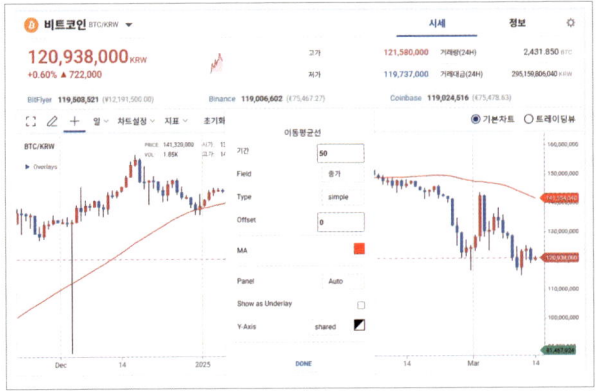

설정한 지표를 클릭하면 다음과 같은 화면이 뜨고, 자신이 원하는 대로 이동평균선을 수정할 수 있습니다.

· RSI 지표

다시 '지표' 버튼을 눌러 RSI 지표를 추가하겠습니다.

[RSI 지표]

RSI는 보통 차트 아래쪽에 별도의 창으로 표시됩니다. RSI 값이 70을 넘거나 30 밑으로 떨어진다면 유의미하게 지켜보는 것이 좋습니다.

· 볼린저 밴드

이번에는 볼린저밴드를 추가해 보겠습니다.

[볼린저 밴드]

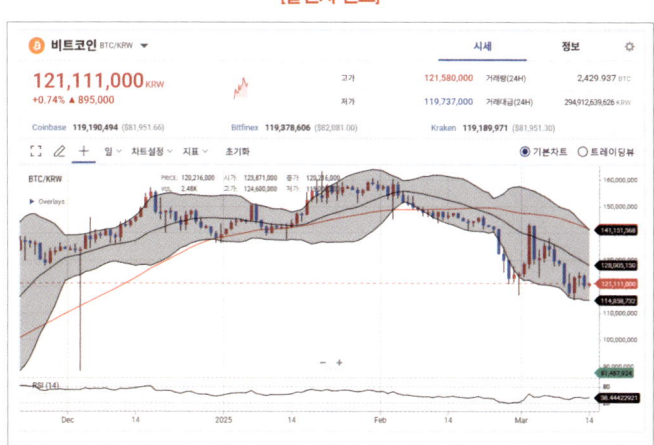

밴드 상단과 하단을 지켜주는지를 확인하며 지표를 살펴보세요. 이렇게 해서 보조지표를(이동평균선, RSI, 볼린저밴드) 모두 추가해 보았습니다. 특정 지표만 보고 싶을 때는 X 표시를 눌러 표기된 지표를 삭제할 수도 있습니다.

[보조지표 삭제하기]

다른 보조지표들도 웬만한 거래소 사이트에서 쉽게 볼 수 있으니, 여러 시도를 해보며 투자 전략을 구상해 보세요. 하지만 보조지표는 하나만 사용하면 정확도가 떨어질 수 있으니, 여러 개를 함께 활용하는 것이 좋습니다. 이동평균선 MA과 상대강도지수 RSI를 함께 보면 가격의 흐름과 현재 시장이 과매수·과매도 상태인지 한눈에 알 수 있습니다. 이런 식으로 여러 지표를 조합해 자신만의 투자 전략을 만들어 보세요.

제 11 장

암호화폐
뉴스로 사고팔기

암호화폐 뉴스

암호화폐 시장은 하루가 다르게 변화합니다. 새로운 기술의 발전, 규제 변화, 글로벌 경제 상황 등 다양한 요인들이 시장에 영향을 미치며, 투자자들에게는 정확하고 신뢰할 수 있는 정보가 필수적입니다. 이 장에서는 다양한 암호화폐 뉴스 사이트부터 빠르게 암호화폐 소식을 접할 수 있는 SNS 계정, 커뮤니티 주소까지 알려드리겠습니다.

01
암호화폐 뉴스 사이트 정리

1) 국내 뉴스 사이트

우선 국내 투자자들에게 가장 접하기 쉬운 국내 뉴스 사이트들부터 소개하겠습니다.

블록미디어 Block Media

블록미디어는 국내외 시장 동향과 다양한 분석 기사를 제공하며, 암호화폐 뉴스를 전문적으로 다룹니다. 다양한 외신 기사를 해석한 기사들과 여러 칼럼도 제공되고 있습니다.

https://www.blockmedia.co.kr

토큰포스트 TokenPost

토큰포스트는 블록체인과 암호화폐 관련 뉴스를 제공하며, 단순한 뉴스 기사 외에도 국내외 정책 변화와 관련된 소식을 접할 수 있습니다.

https://www.tokenpost.kr

블루밍비트 BloomingBit

블루밍비트는 다양한 외신 기사를 비교적 빠른 시간 내에 전달하며 뉴스 요약본을 제시해 해당 기사가 시장에 미칠 영향력을 한 눈에 파악하기 용이합니다.

https://www.bloomingbit.io

디센터

블록체인과 암호화폐 관련 뉴스, 분석, 인터뷰 등 다양한 콘텐츠를 제공합니다.

https://decenter.kr/

블록체인투데이

블록체인과 암호화폐 관련 뉴스, 정책, 기술 동향 등을 다룹니다.

https://www.blockchaintoday.co.kr/

코인니스

국내외의 다양한 언론사의 암호화폐 관련 뉴스를 모아놓은 곳입니다. 외신 속보와 뉴스룸 피드를 잘 활용해 보세요.

https://coinness.com/

소개해 드린 곳 외에도 여러 언론사 홈페이지에서도 암호화폐를 검색하면 다양한 뉴스들을 찾아보실 수 있습니다. 하지만, 암호화폐 전문 뉴스 사이트들이 일반 언론사 홈페이지보다 더 빠르게 최신 뉴스를 전달하는 경우가 많습니다.

2) 국외 뉴스 사이트

국내 뉴스 사이트들은 대부분 국외 뉴스를 번역한 기사가 많습니다. 국외 뉴스 사이트에 직접 접속한다면 조금 더 발 빠르게 소식을 전할 수 있습니다. 영어 실력이 부족하다면, 사이트 내에 번역 기능을 사용해 보세요.

코인데스크 CoinDesk

코인데스크는 암호화폐 및 블록체인 기술에 관한 뉴스를 다루는 가장 오래되고 신뢰받는 매체 중 하나입니다. 비트코인, 이더리움 같은 주요 암호화폐뿐만 아니라 탈 중앙화 금융, NFT, 규제 동향 등 다양한 주제 역시 심층적으로 다룹니다.

https://www.coindesk.com

코인텔레그래프 Cointelegraph

코인텔레그래프는 시각적으로 매력적인 디자인과 함께 암호화폐 및 블록체인 기술 관련 뉴스를 제공합니다. 초보자를 위한 Cryptopedia 크립토피아 섹션에서는 블록체인의 기본 개념부터 최신 트렌드까지 폭넓게 다루고 있어 입문자들에게 유용합니다.

https://cointelegraph.com

비트코인 매거진 Bitcoin Magazine

비트코인 매거진은 비트코인에 특화된 뉴스와 분석을 제공하는 미디어 플랫폼입니다. 비트코인의 기술적 측면부터 경제적, 사회적 영향까지 폭넓은 주제를 다룹니다.

https://bitcoinmagazine.com

크립토포테이토 CryptoPotato

크립토포테이토는 암호화폐 시장 가격, 거래 가이드, 의견 기사 등을 제공하는 플랫폼입니다. 초보자부터 전문가까지 다양한 독자층을 위한 콘텐츠를 제공합니다.

https://cryptopotato.com

유투데이 U.Today

유투데이는 비트코인, 이더리움 등 주요 암호화폐에 대한 뉴스와 분석, 업계 리더 인터뷰를 제공합니다. 최신 트렌드와 시장 동향을 빠르게 전달하는 것으로 유명합니다.

https://u.today

비인크립토 BeInCrypto

비인크립토는 암호화폐 시장 동향과 분석 기사를 제공하는 글로벌 뉴스 플랫폼입니다. 객관적이고 편향되지 않은 보도를 지향합니다.

https://beincrypto.com

크립토뉴스닷컴 Cryptonews.com

크립토뉴스닷컴은 다양한 암호화폐에 대한 뉴스, 시장 분석, 교육 콘텐츠를 제공합니다. 초보자를 위한 가이드부터 전문가를 위한 심층 분석까지 폭넓은 콘텐츠를 다룹니다.

https://cryptonews.com

더 디파이언트 The Defiant

더 디파이언트는 디파이, 블록체인 혁신, 암호화폐 규제에 대한 뉴스를 다루는 전문 미디어입니다. 특히 탈 중앙화 금융 분야에 대한 심층적인 분석으로 유명합니다.

https://thedefiant.io

뉴스BTC NewsBTC

뉴스BTC는 비트코인 가격 분석, 시장 동향, 속보를 제공하는 뉴스 플랫폼입니다. 기술적 분석과 시장 예측에 중점을 둡니다.

https://www.newsbtc.com

크립토브리핑 CryptoBriefing

크립토브리핑은 블록체인 프로젝트 리뷰, 시장 조사, 교육 콘텐츠를 제공하는 독립 미디어 플랫폼입니다. 객관적이고 심층적인 프로젝트 분석으로 유명합니다.

https://cryptobriefing.com

비트코이니스트 Bitcoinist

비트코이니스트는 비트코인 시장 업데이트, 산업 규제, 가격 목록 등을 다루는 뉴스 사이트입니다. 비트코인을 중심으로 다양한 암호화폐 관련 소식을 다룹니다.

https://bitcoinist.com

크립토닷뉴스 Crypto.news

크립토닷뉴스는 비트코인, 이더리움, XRP 생태계에 대한 최신 뉴스를 제공하는 플랫폼입니다. 다양한 알트코인과 블록체인 프로젝트에 대한 정보도 다룹니다.

https://crypto.news

코인게코 뉴스 CoinGecko News

코인게코 뉴스는 암호화폐 데이터 집계 사이트인 코인게코에서 제공하는 뉴스 섹션입니다. 주요 암호화폐 뉴스를 모아서 제공하며, 시장 데이터와 함께 종합적인 정보를 얻을 수 있습니다.

https://www.coingecko.com/en/news

코인베이스 블로그 Coinbase Blog

코인베이스 블로그는 주요 암호화폐 거래소인 코인베이스에서 운영하는 블로그입니다. 암호화폐 업계 동향과 코인베이스의 소식, 그리고 교육적인 콘텐츠를 제공합니다.

https://blog.coinbase.com

3) 커뮤니티 중심의 사이트

암호화폐 투자자들 사이에서 커뮤니티 기반 플랫폼은 정보 공유와 토론의 장으로 활용됩니다. 다음은 대표적인 커뮤니티 중심의 플랫폼입니다.

레딧 Reddit

레딧은 전 세계 투자자들이 모여 의견을 나누는 커뮤니티입니다. 특히 r/CryptoCurrency와 같은 서브레딧에서는 암호화폐 관련 최신 소식과 분석을 확인할 수 있습니다.

https://www.reddit.com/r/cryptocurrency

스택 익스체인지 Stack Exchange

스택 익스체인지는 개발자와 기술 애호가들이 모여 블록체인과 암호화폐 관련 질문과 답변을 공유하는 플랫폼입니다. 기술적인 질문에 대한 답변을 찾기에 유용합니다.

https://bitcoin.stackexchange.com

02
SNS를 통해 암호화폐 정보 빠르게 얻는 법

X구 트위터는 실시간으로 정보를 얻고 전문가들의 의견을 확인할 수 있는 플랫폼입니다. 특히나 암호화폐 전문가들이 가장 많이 애용하는 SNS 플랫폼이기에, 수시로 참고하면 도움을 많이 받을 수 있습니다. 때로는 중요한 정보들이 언론 기사보다 더 빠르게 전달되기도 합니다. 팔로우하면 유익한 계정 몇 가지를 소개하겠습니다. @계정주소 표기를 해뒀으니 도메인에 'twitter.com/@계정주소'라고 사이트 주소를 적고 접속하거나, X 애플리케이션을 다운로드 받은 후 계정 주소나 인물 이름을 검색하고 팔로우하시면 됩니다.

1) 암호화폐 시장에 영향력 있는 인물들

암호화폐 업계에서는 여러 리더들이 시장에 대한 통찰력을 제공하며 중요한 역할을 하고 있습니다.

- 창펑 자오(Changpeng Zhao - @cz_binance)

세계 최대 암호화폐 거래소 바이낸스 창립자로, 시장 동향과 거래소 업데이트를 자주 공유합니다.

- 비탈릭 부테린(Vitalik Buterin - @VitalikButerin)

이더리움 창시자로, 기술적 관점에서의 다양한 의견을 확인할 수 있습니다.

- 브래드 갈링하우스(Brad Garlinghouse - @bgarlinghouse)

XRP CEO로, 글로벌 결제 시스템 혁신과 관련된 의견을 공유하며 규제 이슈에 대해 자주 발언합니다.

- 브라이언 암스트롱(Brian Armstrong - @brian_armstrong)

코인베이스Coinbase CEO로, 규제와 제도적 채택에 대한 논의를 주도하며 거래소 관련 업데이트를 제공합니다.

- 찰스 호스킨슨(Charles Hoskinson - @IOHK_Charles)

에이다Cardano 창시자로, 블록체인 기술과 탈 중앙화 금융DeFi에 대한 철학적이고 기술적인 통찰을 제공합니다.

- 주기영(Ki Young Ju - @ki_young_ju)

크립토퀀트CryptoQuant CEO로 온체인 데이터를 기반으로 한 통찰력 있는 분석을 제공합니다.

2) 차트 분석 전문계정

- 피터 브랜트(Peter Brandt - @PeterLBrandt)

전설적인 차트 분석가로, 암호화폐와 전통 자산 시장 모두를 아우르는 분석을 제공합니다.

- 렉스 캐피털(Rekt Capital - @rektcapital)

비트코인을 포함한 주요 암호화폐의 차트를 분석하며, 기술적 지표를 활용한 전략을 공유합니다.

- 크립토 카레오(Crypto Kaleo - @CryptoKaleo)

인기 있는 트레이더이자 분석가로, 기술적 분석을 기반으로 암호화폐 시장의 흐름을 예측하며, 트렌드 및 거시적 전망에 대한 통찰을 제공합니다.

• 펜토시(Pentoshi - @Pentosh1)

53만 명 이상의 팔로워를 가진 유명 트레이더로, 암호화폐 시장 동향과 차트 분석을 지속적으로 제공합니다. 2021년 초, 비트코인 고점을 약 6만4천 달러로 정확히 예측한 바 있습니다.

• 엘리오 트레이드(Ellio Trades - @elliotrades)

71만 명 이상의 팔로워를 보유한 경험 많은 암호화폐 트레이더로, 시장 업데이트와 트레이딩 분석을 제공합니다.

• 플랜비(PlanB - @100trillionUSD)

스톡투플로우 Stock-To-Flow 모델을 기반으로 비트코인의 장기적인 가격 움직임을 예측하는 분석가로 유명합니다.

이들 전문가들은 각자의 독특한 분석 방식과 인사이트를 통해 암호화폐 시장의 동향을 파악하고 투자 전략을 수립하는 데 도움을 줄 수 있습니다. 하지만 이러한 분석과 예측은 개인의 견해이기에, 절대적으로 신뢰하는 건 다소 위험합니다. 과거의 성공적인 예측이 미래의 정확성을 보장하지 않는다는 점 역시 항상 명심해야 합니다.

3) 온체인 데이터 전문 계정

온체인 데이터를 막상 들여다봐도 초보 투자자에겐 기본적인 지표 외에는 시장에서 어떻게 해석해야 하나 감을 잡기 쉽지 않습니다. 그럴 때는 온체인 데이터를 통해 시장을 예측하는 분석가들의 의견을 참고하면 좋습니다. 참고하기 좋은 팔로우 계정 몇 가지를 소개하겠습니다.

- 글래스노드(Glassnode - @glassnode)

주요 온체인 데이터 플랫폼으로, 실시간 데이터와 인사이트를 제공합니다.

- 윌리 우(Willy Woo - @woonomic)

온체인 데이터를 기반으로 한 시장 분석 전문가로 유명합니다.

- 샌티멘트(Santiment - @santimentfeed)

온체인 데이터와 소셜 미디어 메트릭스를 활용하여 3,500개 이상의 암호화폐에 대한 심층적인 분석과 인사이트를 제공합니다. 시장 동향, 투자자 심리, 네트워크 활동 등에 대한 데이터 기반 분석을 공유합니다.

• 라파엘 슐츠크래프트(Raphael Schultze-Kraft - @n3ocortex)

온체인 분석가이자 글래스노드Glassnode 공동 창립자로, 블록체인 데이터를 활용한 시장 예측을 제공합니다.

• Whale Alert(@whale_alert)

대량 거래에 대한 실시간 알림을 제공하여 시장 변동을 예측하는 데 유용합니다.

[올해 진행 중인 알트코인 ETF 신청목록]

Issuer (Ticker)	Company	Asset	Prospectus Filing Date	19b-4 Filed Date	First Deadine	Second Deadline	Third Deadline	Final Deadline
Hashdex Nasdaq Crypto Index	Hashdex	BTC & ETH	7/24/24	6/17/24	8/16/24	9/30/24	12/29/24	2/27/25
Franklin Crypto Index ETF	Franklin	BTC & ETH	8/16/24	9/19/24	11/22/24	1/6/25	4/6/25	6/5/25
Grayscale Digital Large Cap Conversion	Grayscale	Basket	2/1/18	10/15/24	12/19/24	2/2/25	5/3/25	7/2/25
Bitwise 10 Crypto Index Conversion	Bitwise	Basket	11/22/17	11/14/24	~1/18/2025	~3/4/2025	~6/2/2025	~8/1/2025
VanEck Solana Trust	VanEck	Solana	6/27/24	11/21/24	~1/25/2025	~3/11/2025	~6/9/2025	~8/8/2025
21Shares Core Solana ETF	21Shares	Solana	10/30/24	11/21/24	~1/25/2025	~3/11/2025	~6/9/2025	~8/8/2025
Canary Solana ETF	Canary	Solana	6/28/24	11/21/24	~1/25/2025	~3/11/2025	~6/9/2025	~8/8/2025
Bitwise Solana ETF	Bitwise	Solana	11/21/24	11/21/24	~1/25/2025	~3/11/2025	~6/9/2025	~8/8/2025
Bitwise Bitcoin and Ethereum ETF	Bitwise	BTC & ETH	11/26/24	11/26/24	~1/30/2025	~3/16/2025	~6/14/2025	~8/13/2025
Bitwise XRP ETF	Bitwise	XRP	10/2/24	N/A	N/A	N/A	N/A	N/A
Canary XRP ETF	Canary	XRP	10/8/24	N/A	N/A	N/A	N/A	N/A
21Shares Core XRP Trust	21Shares	XRP	11/1/24	N/A	N/A	N/A	N/A	N/A
Canary Litecoin ETF	Canary	Litecoin	10/15/24	N/A	N/A	N/A	N/A	N/A
Canary HBAR ETF	Canary	HBAR	11/12/24	N/A	N/A	N/A	N/A	N/A
Wisdomtree XRP Fund	Wisdomtree	XRP	12/2/24	N/A	N/A	N/A	N/A	N/A
Grayscale Solana Trust Conversion	Grayscale	Solana	12/2/21	12/3/24	~1/23/2025	~3/9/2025	~6/7/2025	~8/6/2025

Note: Dates are estimates and/or deadlines, so they may come earlier. Red Dates have already been Delayed, Denied, Skipped, or Withdrawn

XRP, 솔라나, 도지코인, 라이트코인 등이 현물 ETF 신청 후 SEC의 승인을 기다리는 중임

4) ETF 및 규제 전문가

비트코인과 이더리움의 현물 ETF 소식을 가장 빠르게 전달한 건 ETF 전문가였습니다. 2025년 현재, 다양한 알트코인들이 현물 ETF 출시를 기다리고 있습니다. 알트코인 현물 ETF의 승인은 곧 기관 자금 유입의 신호로 해석되기에 시장에 큰 호재가 될 것입니다. 다양한 알트코인 ETF 소식 역시도 해당 계정을 통해 빠르게 전달받을 수 있습니다.

- 제임스 세이파트(James Seyffart - @JSeyff)

ETF 전문가로, 암호화폐 ETF 승인 과정과 규제 동향을 다룹니다.

- 에릭 발추나스(Eric Balchunas - @EricBalchunas)

블룸버그 ETF 애널리스트로, ETF와 관련된 심층적인 통찰력을 제공합니다.

03
암호화폐 뉴스, 투자에 어떻게 적용해야 할까?

전 세계적으로 하루에도 수천 개의 암호화폐 관련 뉴스가 쏟아집니다. 주식시장과 마찬가지로, 많은 투자 자산은 뉴스에 민감하게 반응합니다. 하지만 암호화폐는 24시간 쉬지 않고 돌아가는 시장의 특성 때문에, 최신 뉴스에 더 민감하게 반응하는 경향이 있습니다. 따라서 이렇게 넘쳐나는 정보를 잘 활용하는 방법이 더욱 중요합니다.

우선, 몇 가지 부류의 뉴스가 시장에 미치는 영향력에 관해 좀더 자세히 구분해서 살펴보겠습니다.

시장을 움직이는 뉴스의 종류와 그 영향

1. 규제 관련 뉴스

정부나 규제 기관의 결정은 암호화폐 시장에 큰 파급력을 미칩니다. 예를 들어, 2022년 미국 증권거래위원회SEC가 XRP를 증권으로 간주하는 소송을 제기했을 때, XRP의 가격은 단기간에 급락했습니다. 그러나 그 이후 소송 결과에 대한 낙관론이 퍼지면서 다시 반등하는 모습을 보였습니다. 이는 규제 뉴스가 시장의 단기 및 장기 변동성 모두에 영향을 줄 수 있음을 시사합니다.

2. 기술적 발전 뉴스

암호화폐의 기술적 발전은 해당 코인의 가치와 시장 신뢰도에 큰 영향을 줍니다. 이더리움은 2022년 9월, 머지The Merge 업그레이드를 통해 작업증명PoW에서 지분증명PoS으로 전환하였습니다. 이 업그레이드는 에너지 효율성을 높이고 네트워크 보안을 강화하여 투자자들의 신뢰를 증대시켰습니다. 블록체인 기술의 발전은 다양한 산업 분야에서 새로운 활용 사례를 창출하고 있습니다. 영국령 맨 섬에서는 이더리움 기술을 이용한 탈 중앙화 복권 시스템이 도입되어 투명성과 공정성을 높였습니다.

3. 기관 투자

기관 투자는 암호화폐 시장에 대한 신뢰도를 높이고 자금 유입을 촉진하여 시장에 긍정적인 영향을 미칩니다. 미국 기업 마이크로스트래티지MicroStrategy는 2020년 8월, 약 2억 5천만 달러를 투자하여 약 21,454 비트코인을 매입하였으며, 이후 지속적으로 비트코인 보유량을 확대하였습니다. 2024년 말 기준으로, 마이크로스트래티지는 총 439,000개의 비트코인을 보유하고 있으며, 이는 당시 시세로 약 271억 달러에 해당합니다. 이러한 대규모 투자는 비트코인에 대한 신뢰를 보여주는 대표적인 사례입니다.

4. 거시경제 뉴스

거시경제 지표와 뉴스는 암호화폐 시장에 간접적인 영향을 미칩니다. 높은 인플레이션 환경에서는 투자자들이 가치 저장 수단으로 비트코인과 같은 암호화폐를 선호하는 경향이 있습니다. 반대로, 금리 인상과 같은 통화 긴축 정책은 위험 자산으로 분류되는 암호화폐에 대한 투자 매력을 감소시킬 수 있습니다. 더불어 글로벌 경제 불확실성이 증가할 때 투자자들은 안전 자산을 찾는 경향이 있으며, 일부는 비트코인을 디지털 금으로 간주하여 포트폴리오에 포함시키기도 합니다.

5. 주요 이벤트

비트코인 ETF 승인과 같은 중요한 사건도 시장에 큰 영향을 미칩니다. 2024년 1월, SEC의 비트코인 현물 ETF 승인 후 비트코인 가격은 사상 최고가로 가는 발판을 마련했습니다. 2025년 현재, 기다리고 있는 다른 알트코인들의 ETF 승인 소식과 같은 호재 이벤트는 시장 가격에 즉각적인 반응을 가져다줄 수 있습니다.

뉴스를 올바르게 해석하는 기본 원칙

뉴스를 투자에 적용하기 위해서는 단순히 정보를 받아들이는 것을 넘어, 이를 해석하는 과정이 필요합니다.

1. 신뢰할 수 있는 출처 확인

모든 뉴스가 동일한 신뢰성을 가지는 것은 아닙니다. 제가 공유한 코인데스크CoinDesk, 코이텔레그래프Cointelegraph, 더 블록The Block과 같은 검증된 매체의 보도를 우선적으로 참고하세요. 소셜 미디어에서 유포되는 정보는 반드시 교차 검증해야 합니다.

2. 맥락 이해하기

뉴스를 단독으로 해석하지 말고, 전체 시장 상황과 연결 지어 분석합니다. 예를 들어, 특정 국가에서 암호화폐 규제를 강화한다고 발표했을 때, 그 국가의 암호화폐 시장 비중과 글로벌 경제에 미치는 영향을 종합적으로 고려해야 합니다.

3. 과거 사례 참고

유사한 뉴스가 과거에 시장에 어떤 영향을 미쳤는지 분석하면, 향후 영향을 예측하는 데 도움이 됩니다. 다만, 시장은 항상 변화하기 때문에 이를 절대적인 지표로 삼아서는 안 됩니다.

4. 다양한 관점 수용

긍정적인 의견과 부정적인 의견을 모두 고려하여 뉴스에 대한 균형 잡힌 시각을 유지해야 합니다. 투자 결정을 내릴 때는 하나의 관점에 의존하지 않도록 주의하세요.

5. 장기적 관점 유지

단기적인 가격 변동에 일희일비하지 말고, 해당 뉴스가 장기적으로 어떤 영향을 미칠지 고려해야 합니다. 기술적 업그레이드의 경우 단기적으로는 가격에 큰 영향을 미치지 않을 수 있지만, 장기적으로는 프로젝트의 가치를 크게 높일 수 있습니다.

암호화폐 뉴스를 해석하고 투자에 적용하는 것은 단순히 정보를 얻는 것을 넘어, 이를 기반으로 시장을 이해하고 전략적으로 대응하는 과정입니다. 신뢰할 수 있는 정보를 기반으로 뉴스를 비판적으로 분석하고, 장기적인 관점을 유지하며 투자 결정을 내린다면 암호화폐 시장에서 성공적인 성과를 거둘 가능성이 높아지게 됩니다. 이러한 과정을 통해 여러분의 뉴스 해석 능력도 함께 성장할 것입니다.

암호화폐 투자의 꽃
온체인 데이터

01
온체인 데이터란 도대체 무엇일까?

암호화폐 투자에서 온체인 데이터의 활용도는 매우 중요합니다. 단순한 가격 차트만으로는 시장 참여자의 행동을 완전히 이해하기 어렵지만, 온체인 데이터를 분석하면 대형 투자자(고래)들의 움직임, 투자자들의 매수·매도 심리, 네트워크 활성도 등을 보다 심층적으로 파악할 수 있습니다. 온체인 데이터란 블록체인에 기록된 모든 정보를 의미합니다. 쉽게 말해, 블록체인이라는 거대한 장부에 기록된 모든 거래 내역, 지갑 주소, 전송된 코인의 양 등을 포함한 데이터를 말합니다.

A라는 사람이 B에게 1비트코인을 보냈다면, "A의 지갑에서 1비트코인이 빠져나가고, B의 지갑으로 1비트코인이 입금되며, 이 모든 정보가 블록체인에 기록됩니다."

이러한 데이터를 분석하면 누가 얼마나 많은 코인을 보유하고 있는지, 어떤 움직임이 있는지 등을 파악해 단순한 가격 변동 이상의 중요한 정보를 얻을 수 있습니다. 실제로 많은 전문가들이 온체인 데이터를 활용해 시장을 예측하고 있습니다. 온체인 데이터 분석은 주식시장과 암호화폐 시장의 가장 큰 차이점 중 하나이기도 합니다. 주식시장에서는 기관 투자자나 대형 투자자들의 정확한 매매 내역을 실시간으로 확인하기 어렵지만, 암호화폐 시장에서는 누구나 블록체인 네트워크에 기록된 정보를 확인하고 분석할 수 있습니다.

이처럼 온체인 데이터는 암호화폐 시장에서 투자자들에게 투명한 정보를 제공하는 강력한 도구이며, 이를 잘 활용하면 더욱더 현명한 투자 판단을 내릴 수 있게 됩니다.

02 간단한 온체인 지표로 시장 읽기

온체인 데이터의 주요 요소들에 관해 실제 지표 차트를 함께 보며 가격과의 상관관계를 살펴보겠습니다.

1. 거래량 Transaction Volume

블록체인에서 발생한 총 거래 금액을 나타냅니다. 네트워크의 활동성과 유동성을 평가하는 데 중요한 역할을 합니다. 예를 들어 비트코인의 하루 거래량이 급증했다면, 시장 관심이 급격히 늘었음을 시사합니다.

2. 활성 주소 Active Addresses

특정 기간동안 거래를 한 고유한 지갑 주소 수를 의미합니다. 네트워크가 얼마나 활발히 사용되고 있는지 파악할 수 있습니다. 이더리움의 활성 주소 수가 꾸준히 증가한다면, 네트워크 이용이 지속적으로 확대되고 있다는 뜻입니다.

3. 거래소 입·출금 Exchange Inflows/Outflows

암호화폐가 거래소로 입금되거나 출금되는 흐름을 나타냅니다. 거래소로의 입금이 증가하면 매도 압력이 커질 가능성이 높습니다. 거래소에서의 출금이 증가하면 보유 의도가 강해져 시장에 긍정적 영향을 미칠 수 있습니다.

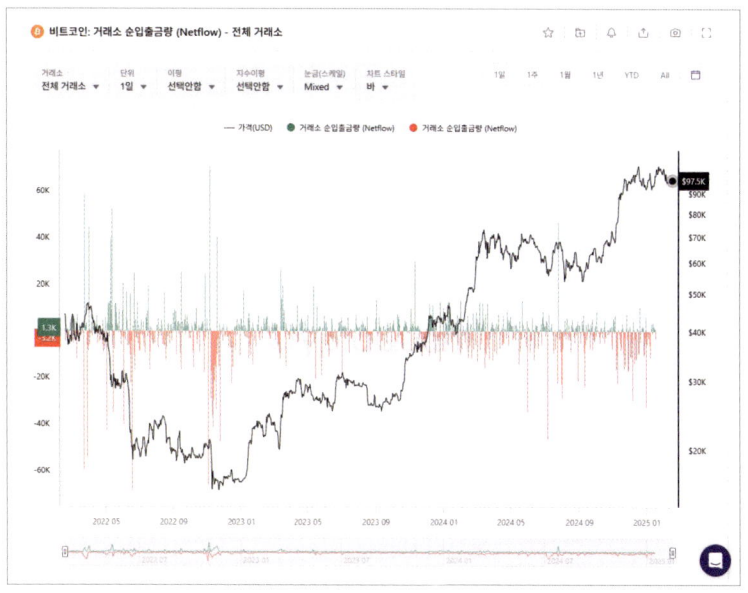

[거래소 순입출금량]

출처: 크립토퀀트

4. 고래 지갑 활동 Whale Activity

여기서 고래는 비교적 많은 코인을 보유한 대량 보유 투자자를 의미합니다. 이 고래 지갑 활동을 통해 대규모 암호화폐를 보유한 지갑 주소의 거래 내역을 추적합니다. 고래의 매수나 매도는 시장에 큰 영향을 줄 수 있습니다. 예를 들어 고래 지갑에서 대규모 비트코인이 거래소로 이동하면 매도 압력이 증가할 가능성이 높아집니다.

[거래소 고래비율]

출처: 크립토퀀트

4. 미실현 순수익 NUPL

전체 코인에 대해서 마지막 거래 시점을 매수 시점이라고 가정했을 때, 현 시점에서의 전체 수익의 양과 손실양의 차이를 계산한 뒤 보정한 값입니다. 전체 코인 투자자들의 투자 실적을 합산했을 때 수익 구간인지 손실 구간인지를 나타냅니다.

  0 이상일 때 수익 구간에 있는 코인이 더 많고, 값이 높아질수록 투자자들이 수익을 실현하고자 하기 때문에 매도 압력으로 작용할 수 있습니다. 코인 시가총액과 실현 시가총액Realized Cap의 차이를 시가총액으로 나누어 계산합니다.

[미실현 순수익]

출처: 크립토퀀트

03
초보 투자자에게 유용한 데이터 활용법과 유용한 사이트

1. MVRV Z-스코어 지표

MVRV Z-스코어는 'Market Value to Realized Value Z-Score(마켓 밸류 투 리얼라이즈드 볼륨 Z 스코어)'의 약자로, 비트코인의 시가총액Market Cap과 실현 시가총액Realized Cap의 차이를 표준편차로 나눈 값입니다. 이 지표를 통해 현재 비트코인이 고평가되어 있는지, 아니면 저평가 상태인지 판단할 수 있습니다.

- **Z > 7:** 시장이 과열 상태이며, 비트코인이 고평가되었을 가능성이 높습니다 ⇒ 매도 신호
- **Z < 0:** 시장이 위축 상태이며, 비트코인이 저평가되었을 가능성이 높습니다 ⇒ 매수 신호
- **Z가 0~3 사이일 경우:** 평균적인 가격 흐름으로 판단 ⇒ 관망 구간

2021년 4월 비트코인 가격이 약 6만4천 달러까지 상승했을 때, MVRV Z-스코어는 7을 넘었습니다. 이는 시장 과열의 신호로 해석되었고, 이후 비트코인 가격은 큰 폭으로 하락했습니다. 2018년 말, 비트코인 가격이 3천200 달러 하락했을 당시, MVRV Z-스코어는 0 이하로 떨어졌습니다. 이 시기는 시장이 저평가된 구간으로, 이후 장기 상승장의 출발점이 되었습니다.

[MVRV Z-Score 지표]

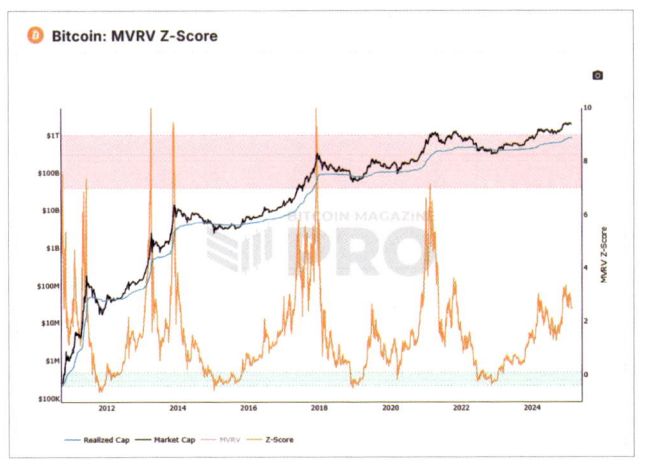

출처: https://www.bitcoinmagazinepro.com

2. 장·단기 보유자 활동 지표

암호화폐 투자자는 크게 두 그룹으로 나뉩니다. 코인을 오래 보유하는 장기 보유자Long-Term Holders, LTH이고, 짧은 기간 동안 보유하는 단기 보유자^{Short-Term Holders, STH}입니다. 이들의 행동은 시장 심리를 파악하는 데 중요한 단서를 제공합니다.

장기 보유자^{LTH}의 특징

일반적으로 코인을 155일 이상 보유한 투자자를 장기 보유자로 분류합니다. 장기 보유자는 주로 상승장을 기다리며 코인을 보관하고, 변동성에 덜 민감합니다. 장기 보유자가 자산을 매도하기 시작하면 하락 가능성이 커질 수 있습니다.

단기 보유자^{STH}의 특징

코인을 155일 미만으로 보유한 투자자를 단기 보유자로 분류합니다. 단기 보유자는 주로 급격한 가격 변동에 반응하며, 이익 실현이나 손절매를 위해 빠르게 움직입니다. 단기 보유자의 활동이 증가하면 시장의 변동성이 커질 가능성이 높습니다.

3. 채굴자 지표

채굴자와 관련된 온체인 지표도 투자에 유용하게 활용할 수 있습니다. 채굴된 비트코인이 거래소로 이동하는 패턴을 분석하면, 시장의 매도 압력을 예측할 수 있기 때문입니다. 채굴자는 새로운 비트코인을 생성하는 주체로, 이들이 보유한 코인을 거래소로 이동시키면 대량 매도가 발생할 가능성이 높아집니다. 반면, 채굴자가 코인을 계속 보유하고 있거나 장기 지갑으로 옮긴다면 이는 시장에 대한 낙관적인 신호로 해석될 수 있습니다.

2021년 5월, 비트코인이 6만 달러에서 3만 달러 대로 급락하기 직전, 채굴자들이 대량의 비트코인을 거래소로 이동시킨 것이 온체인 데이터에서 포착되었습니다. 채굴자들의 거래소 유입량Exchange Inflow이 급격히 증가했고, 이는 곧 대량 매도로 이어졌습니다.

[채굴자 지표]

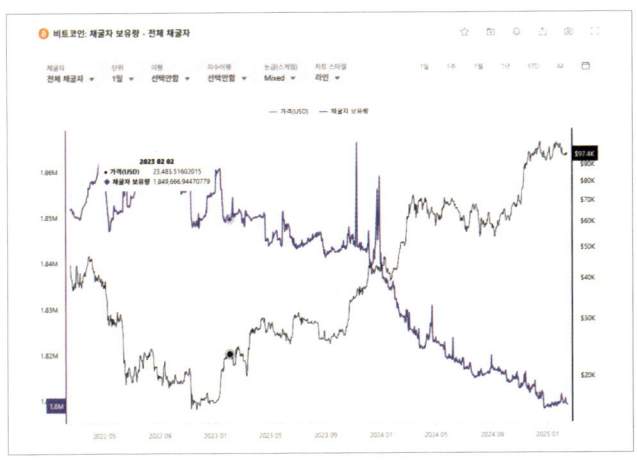

출처: 크립토퀀트

채굴풀 참여 지갑들이 보유하고 있는 코인의 총량으로, 채굴자들이 아직 매도하지 않고 보유하고 있는 코인의 양을 나타냅니다. 채굴자들이 매도를 시작할 때, 가격 하락으로 이어질 수 있습니다.

04
온체인 데이터를
볼 수 있는 사이트

이러한 온체인 데이터를 보기 쉽게 제공하는 사이트가 있습니다. 유료로 운영되는 사이트들이지만, 기본적인 온체인 데이터 지표는 대부분 무료로 제공됩니다. 무료 가입 정도만으로도 상당한 정보를 얻을 수 있는 만큼 온체인 데이터에 관심이 있는 분들이라면 꼭 활용해 보시면 좋습니다.

유용한 온체인 데이터 사이트

대부분 영어로 된 사이트이긴 하지만, 사이트 내에 있는 번역기능을 활용해서도 온체인 데이터를 이해하는 데는 큰 무리가 없을 겁니다. 여러 온체인 데이터 사이트들이 있지만, 그 중 가장 유용하고 자주 사용되는 몇 가지 사이트를 소개하겠습니다.

1. 글래스노드(https://glassnode.com)

온체인 데이터 전문 플랫폼으로, 다양한 온체인 데이터를 제공합니다. 여기서는 정기적으로 리포트를 발행하는데, 이를 참고한다면 여러 가지 온체인 데이터를 활용한 종합적인 시장 방향성을 알 수 있습니다.

2. 크립토퀀트(https://cryptoquant.com)

글래스노드와 마찬가지로 대표적인 온체인 데이터 전문 사이트입니다. 특히 실시간 온체인 데이터와 거래소 중심의 데이터에 특화되어 있습니다. 전문 분석가들의 다양한 의견들도 함께 볼 수 있으니 도움을 받아보시면 좋습니다.

3. 더블록(https://www.theblock.co/data/crypto-markets/spot)

시각적으로 잘 표현한 다양한 온체인 데이터 자료들을 볼 수 있습니다. 더블록은 암호화폐 관련 뉴스도 발 빠르게 제공하기에 다양한 시장 정보들을 얻기 좋은 사이트입니다. 회원가입 없이도 무료로 볼 수 있는 데이터들이 있으니 참고해 보세요.

4. 룩인투비트코인(https://www.bitcoinmagazinepro.com)

사이트에 접속해서 '무료 차트로 이동'을 클릭합니다. 무료로 제공하는 지표 중에서도 활용할만한 것이 상당히 많으므로 투자 시 큰 도움이 될 겁니다.

온체인 데이터를 쉽게 볼 수 있는 사이트들도 공유하였습니다. 실제로 투자에 활용해 보시면 많은 도움이 될 겁니다. 이처럼 온체인 데이터는 암호화폐 시장을 분석하는 강력한 도구이지만, 몇 가지 한계점도 존재합니다.

첫째, 단기적인 시장 변동성을 예측하는 데에는 한계가 있습니다. 온체인 지표는 블록체인에 기록된 데이터를 기반으로 하기 때문에, 가격이 급등락하는 시점에서는 다소 늦게 반응할 수 있습니다.

둘째, 온체인 데이터는 과거 데이터를 기반으로 한 분석 방법이므로, 동일한 패턴이 반복된다고 해서 항상 같은 결과를 보장하지는 않습니다. 온체인 지표는 시장의 역사적 흐름을 분석하는 데 유용하지만, 시장 상황은 다양한 변수에 의해 변화합니다. 예를 들어, 과거에는 특정 고래 주소가 비트코인을 대량으로 매집할 때 가격이 상승했을지라도, 이번에는 다른 시장 요인(매크로 경제, 규제 변화, 시장 심리 등)에 의해 다른 결과가 나올 수도 있습니다.

셋째, 큰 자본을 가진 소수의 투자자가 적은 거래만으로도 온체인 지표를 왜곡할 가능성이 있습니다. 고래들은 시장 심리를 조작하기 위해 의도적으로 대량의 코인을 거래소로 이동시키거나 반대로 인출하는 등의 움직임을 보일 수 있습니다. 따라서, 온체인 데이터를 해석할 때는 단순히 숫자만 보는 것이 아니라 맥락과 시장의 전반적인 흐름을 함께 고려해야 합니다.

제 13 장

암호화폐 투자, 지금이 적기일까?

최적의 투자 시기, 과연 언제일까?

이제 우리는 본격적으로 암호화폐 시장에 뛰어들 준비를 마쳤습니다. 이제는 마지막으로 투자의 시기에 대해 고민해 봅시다. 암호화폐 시장은 2024년과 2025년 초반 놀라운 성장을 보였습니다. 하지만 이러한 급격한 상승세 이후 많은 투자자들은 '지금이 투자하기에 적절한 시기인가?'라는 질문에는 의문을 품고 있습니다. 이 질문에 답하기 위해 암호화폐 시장의 긍정적인 시나리오와 부정적인 시나리오를 살펴보겠습니다. 특히, 월가의 주요 금융 기관들이 내놓은 비트코인 가격 전망을 중심으로 향후의 시장 흐름을 예측해보겠습니다.

월가의 비트코인 가격 전망

월가의 주요 금융기관들은 올해 비트코인 가격에 대해 대담한 전망을 내놓았습니다. 이들의 예측은 전반적으로 18만~20만 달러 범위에 집중되어 있으며, 가격 상승의 핵심 요인으로는 기관투자자들의 유입증가를 들고 있습니다.

스탠다드차타드 은행의 파격적인 낙관론

"비트코인 ETF는 단순한 금융 상품이 아닙니다. 이는 전통 금융과 암호화폐의 세계를 잇는 다리이자, 새로운 시대의 시작을 알리는 신호탄입니다"라고 스탠다드차타드 Standard Chartered의 애널리스트는 말했습니다.

글로벌 금융 기관 스탠다드차타드는 2025년 말, 비트코인 가격이 20만 달러에 도달할 것이라는 놀라운 예측을 내놓았습니다. 이들은 비트코인과 이더리움 ETF로의 자금 유입이 이러한 급등을 뒷받침할 것이라며 다음과 같이 분석했습니다.

얼라이언스번스타인의 낙관적 시각

얼라이언스번스타인 수석 애널리스트는 "비트코인 ETF는 마치 골드러시 시대의 삽과 같습니다. 모든 이에게 기회의 문을 열어주는 도구가 될 것입니다"라고 전망했습니다. 얼라이언스번스타인AllianceBernstein 역시 낙관적인 전망을 내놓았습니다. 이들은 2025년 9월까지 비트코인이 20만 달러에 도달할 것으로 예상하며, 비트코인 ETF가 가격 상승의 핵심 동력이 될 것이라고 분석했습니다.

반에크VanEck의 롤러코스터 전망

"비트코인 시장은 마치 롤러코스터와 같습니다. 급상승과 급하락을 반복하겠지만, 장기적으로는 상승 트렌드를 유지할 것입니다"라고 매튜 시겔Matthew Sigel, 반에크 디지털 자산 리서치 책임자는 전망했습니다. 자산운용사 반에크의 디지털 자산 리서치 책임자 매튜 시겔은 다소 변동성이 있는 시장 전망을 제시했습니다.

2025년 상반기 비트코인 가격이 18만 달러까지 상승할 것으로 예측했으며, 이후 30% 조정을 경고하기도 했습니다. 하지만 가을 이후 다시 시장이 회복하여 연말에 새로운 최고점을 경신할 것이라 분석했습니다.

갤럭시 디지털의 대담한 예측

"2025년은 비트코인의 해가 될 것입니다. 더 이상 투기 자산이 아닌, 글로벌 금융 시스템의 핵심 요소로 자리 잡을 것입니다"라고 암호화폐 전문 금융사 갤럭시 디지털 **Galaxy Digital**의 리서치 책임자 알렉스 손**Alex Sohn**은 말합니다. 비트코인이 2025년 4분기까지 18만5천 달러에 도달할 것으로 전망했습니다. 그는 "기관 투자자들과 기업, 심지어 국가 차원의 비트코인 채택이 가속화될 것이다"라며, 비트코인이 기존 금융 시스템의 핵심 요소로 자리 잡을 것이라고 강조했습니다.

월가의 이러한 낙관적인 전망에는 몇 가지 핵심 근거가 있습니다. 이러한 근거를 토대로 암호화폐 시장의 긍정적인 시나리오를 풀어가겠습니다.

01
앞으로 펼쳐질 암호화폐 포지티브 시나리오

암호화폐 시장의 미래를 낙관적으로 바라보는 이유는 다양한 요인에 근거하고 있습니다. 제도권 진입, 규제 환경 개선, 기술적 혁신, 비트코인의 안정적 자산으로서의 역할이라는 여러 가지 측면에서 앞으로 암호화폐 시장이 왜 긍정적으로 평가되는지에 관해 살펴보겠습니다.

기관 투자자들의 장기적 투자 확대

비트코인 현물 ETF의 출시는 단기적인 가격 상승 요인이 되었지만, 더 중요한 점은 기관 투자자들이 장기적인 포트폴리오 전략에서 비트코인을 주요 자산군으로 편입하기 시작했다는 것입니다.

- **대학 기금 및 연기금의 투자 확대:** 하버드, 예일, 프린스턴과 같은 미국의 주요·대학 기금들이 비트코인 투자를 확대하고 있으며, 캘리포니아 공무원연금 CalPERS과 같은 대형 연기금도 디지털 자산 투자에 관심을 보이고 있습니다.

- **기업의 비트코인 보유 확대:** 테슬라, 마이크로스트래티지 MicroStrategy 등 일부 기업들이 이미 대규모 비트코인을 보유하고 있으며, 이와 같은 사례는 앞으로 더욱 늘어날 가능성이 큽니다.

- **헤지펀드 및 대형 자산운용사들의 전략적 투자:** 블랙록 BlackRock, 피델리티 Fidelity와 같은 글로벌 금융기관들이 비트코인을 전통 자산과 함께 편입하는 멀티자산 포트폴리오 전략을 연구하고 있으며, 이는 암호화폐의 장기적인 신뢰도를 높이는 요소로 작용하고 있습니다.

트럼프 행정부와
암호화폐 시장의 변화(규제 환경 개선)

트럼프 행정부의 재출범은 암호화폐 시장에 중요한 변화를 가져올 것으로 예상됩니다. 친암호화폐정책을 내세웠던 트럼프 대통령은 벌써부터 암호화폐시장에 많은 변화를 가져오고 있습니다.

· 행정명령과 비트코인 비축 정책

트럼프 행정부는 암호화폐 시장에 중요한 변화를 가져올 정책을 추진하고 있습니다. 2025년 1월 23일, 트럼프 대통령은 '디지털 금융 기술에서의 미국 리더십 강화'라는 행정명령에 서명하였습니다. 이를 통해 디지털 자산 시장에 대한 워킹그룹이 설립되었으며, 규제의 명확성과 확실성을 제공하는 새로운 접근 방식이 도입되었습니다. 이어 2025년 3월, 트럼프 대통령은 미국 정부가 압수한 약 200,000개의 비트코인을 매각하지 않고 비축하도록 명령하였습니다. 이는 비트코인을 디지털 자산으로 공식 인정하고, 정부 차원에서 장기적인 가치를 고려하고 있음을 보여줍니다.

· 중앙은행 디지털 화폐 CBDC 및 스테이블코인 정책

트럼프 행정부는 CBDC 중앙은행 디지털 화폐 발행을 금지하고, 암호화폐 시장이 기존 금융 시스템과 경쟁하지 않으면서 독립적으로 성장할 수 있도록 정책을 추진하고 있습니다. 이러한 기조는 암호화폐의 탈중앙화 원칙을 보호하는 동시에, 민간 기업이 발행하는 스테이블코인의 법적 지위를 강화하는 방향으로 이어지는 중입니다.

· SEC의 규제 완화와 암호화폐 시장

한편, 미국 증권거래위원회SEC는 최근 암호화폐 관련 규제를 완화하는 움직임을 보이고 있습니다. SEC는 암호화폐 산업의 발전과 투자자 보호를 균형 있게 고려하는 태스크포스를 출범하였으며, 일부 암호화폐를 증권으로 간주하지 않는다는 입장을 명확히 하였습니다. 또한, 최근 오픈씨Opensea와 로빈후드Robinhood에 대한 조사를 종료하고, 코인베이스에 대한 소송을 취하하는 등 법적 조치를 완화하는 방향으로 변화하고 있습니다. 이는 암호화폐 산업에 대한 과도한 제재보다 명확하고 유연한 규제 환경을 조성하려는 의지를 반영한 것입니다.

결과적으로, 트럼프 행정부의 암호화폐 정책과 SEC의 규제 완화는 시장에 긍정적인 영향을 미칠 것으로 전망됩니다. 특히, 정부의 비트코인 비축 정책과 스테이블코인 법안 추진은 시장의 신뢰도를 높이는 데 기여할 것입니다. SEC의 규제 완화는 기업과 투자자들에게 보다 안정적인 환경을 제공하며, 암호화폐 시장의 성장을 촉진하는 요소로 작용할 가능성이 큽니다. 이러한 변화들은 향후 암호화폐 시장이 보다 체계적이고 지속 가능한 방식으로 발전하는 데 중요한 역할을 할 것입니다.

기술적 혁신의 지속

블록체인 기술은 점점 더 많은 실생활 분야에서 활용되며 그 응용 가능성을 확대하고 있습니다. 2024년 12월, 스위스 취리히는 블록체인 기반 디지털 신분증 시스템을 도입하여 개인정보 보호와 행정 효율성을 크게 향상시켰습니다. 이런 사례는 블록체인이 단순한 이론적 개념이 아니라 실제 사회에서 혁신적인 변화를 이끌어낼 수 있음을 증명하는 중요한 사례입니다. 월마트는 IBM과 협력하여 블록체인 기술을 도입, 식품 안전과 공급망 투명성을 강화하고 운영 효율성을 크게 개선했습니다. 이를 통해 식품의 원산지 추적 시간을 획기적으로 단축하고, 공급망 내 데이터를 투명하게 공유하는 등 다양한 성과를 이루었습니다.

블록체인 기술은 헬스케어 분야에서도 적용되고 있습니다. 데이터의 저장과 공유라는 측면에서 혁신적인 기술로 주목받고 있는 블록체인 기술은 전자의료기록의 상호운용성 제고, 헬스케어 데이터의 보안역량 제고, 헬스케어에서 IoT의 적용 등 다양한 사례가 시장에서 주목받고 있습니다. 다양한 산업에서 블록체인 기술의 도입이 가속화되면서, 앞으로 더 많은 분야에서 그 응용 가능성이 확대될 것으로 기대됩니다.

비트코인의 가치 저장 수단으로서의 역할 강화

비트코인은 점점 더 인플레이션 헤지 수단과 안전자산으로서의 입지를 확고히 하고 있습니다. 최근 연구에 따르면, 비트코인은 전통적인 금융 자산과 낮은 상관관계를 유지하며, 경제적 불확실성이 커질수록 안정성을 제공하는 자산으로 인정받게 됩니다.

2025년 5월, 비트코인은 사상 최고가인 11만 달러를 돌파하며 '디지털 골드'로서의 가치를 다시 한번 입증했습니다. 금과 같은 기존 안전 자산과 비교했을 때, 비트코인은 휴대성과 접근성이 뛰어나며, 제한된 공급량(총 2,100만 개)으로 인해 희소성이 보장됩니다.

이러한 특성 덕분에 글로벌 투자자들은 인플레이션과 경제 불확실성 속에서 자산 가치를 보호하는 수단으로 비트코인을 점점 더 고려하는 중입니다. 여러 국가의 중앙은행이 외환보유고의 일부로 비트코인을 채택하는 움직임을 보이며, 비트코인의 제도적 인정이 가속화될 가능성이 있습니다.

비트코인은 단순한 투기적 자산을 넘어, 글로벌 금융 시스템에서 중요한 역할을 담당하는 자산으로 자리 잡고 있습니다. 제도권의 수용이 확대되고, 기술적 혁신이 지속되며, 분산 금융 DeFi 및 디지털 경제가 확장됨에 따라 비트코인의 영향력은 더욱 커질 것입니다.

다만, 이러한 낙관적인 전망에도 불구하고 시장의 변동성과 리스크는 여전히 존재합니다. 투자자들은 신중하게 정보를 분석하고, 장기적인 관점에서 투자 전략을 수립하는 것이 중요합니다.

02
암호화폐
네거티브 시나리오

암호화폐 시장이 놀라운 성장을 보여주고 있지만, 이는 그만큼 잠재적인 위험 요인들도 내포하고 있습니다. 현재 암호화폐 시장에 부정적인 영향을 미칠 수 있는 주요 요인들을 정리하며 투자자들이 주의해야 할 사항에 관해 살펴보겠습니다.

규제 강화의 가능성

현재 미국을 포함한 일부 국가들은 암호화폐 규제를 완화하며 시장 성장을 지원하고 있습니다. 그러나 글로벌 차원에서의 규제 강화 가능성은 여전히 존재합니다. 특히 유럽연합EU은 2024년 말 MiCAMarkets in Crypto-Assets 규정을 시행하여 스테이블코인 발행사와 암호화폐 관련 서비스 제공자들에게 보다 엄격한 규제를 적용하기 시작했습니다.

EU의 MiCA 규정으로 인해 2025년, 약 20개의 스테이블코인 프로젝트가 유럽 시장에서 철수할 가능성이 있다고 보고되고 있습니다. 이는 유럽 시장에서의 규제 비준수 프로젝트들이 점차 도태되고 있음을 보여줍니다. 게다가 자금세탁방지 및 테러자금조달방지 규정이 더욱 강화되고 있어, 일부 암호화폐 거래소와 프로젝트들이 높은 규제 기준을 충족하지 못하고 시장에서 퇴출될 가능성이 있습니다.

한편, 중국은 2021년부터 비트코인 거래와 채굴을 금지하고 있으며, 2024년 말에는 은행이 위험한 거래를 모니터링하도록 하는 규정을 도입했습니다. 중국은 중앙은행 디지털 화폐 CBDC인 디지털 원을 활발히 도입하고 있으며, 이는 결제 효율성을 높이고 정부의 통제력을 강화하는 데 중점을 두고 있습니다. 일부 예측에 따르면 중국이 비트코인 금지 조치를 2025년에 완화할 가능성이 있다는 주장이 있지만, 이는 아직 확실하지 않습니다. 머지 않아 중국 정부가 암호화폐 관련 주요 발표를 할 예정이며, 이는 시장에 큰 영향을 미칠 수 있습니다. 규제 강화는 단기적으로 암호화폐 시장의 자금 유입을 줄이고 투자자들의 신뢰에 부정적인 영향을 미칠 수 있기에 우리가 늘 주시해서 관련 사안들을 지켜봐야 합니다.

거시경제적 불확실성

글로벌 경제의 불확실성은 암호화폐 시장에도 큰 영향을 미칠 수 있는 요소입니다. 2025년에도 인플레이션 압력이 지속되고, 예상치 못한 경제 위기가 발생할 가능성이 배제되지 않고 있습니다. 특히 중앙은행들의 통화정책 변화는 암호화폐 시장의 변동성을 크게 좌우할 수 있는 요소입니다. 만약 2025년에 미국 연방준비제도Fed가 금리 인상을 재개한다면, 암호화폐 시장에 큰 충격을 줄 수 있습니다. 2022년, 연준의 급격한 금리 인상은 비트코인 가격을 약 70% 하락시키며 시장 전반에 심각한 영향을 미쳤던 사례를 기억해야 합니다.

IMF(국제통화기금)의 2025년 1월 보고서에 따르면, 글로벌 경제 성장률은 2024년 3.1%에서 2025년 2.9%로 하락할 것으로 예상됩니다. 이는 암호화폐 시장에도 투자 심리 위축과 자금 유출을 초래할 수 있는 부정적인 요인으로 작용할 가능성이 큽니다.

기술적 취약점과 보안 위협

암호화폐의 핵심 기술인 블록체인은 발전을 거듭하고 있지만, 동시에 새로운 보안 위협도 대두되고 있습니다. 가장 우려되는 요소 중 하나는 양자 컴퓨팅의 발전입니다. 2024년 12월, 구글은 1백만 큐비트 규모의 양자 컴퓨터 개발에 성공했다고 발표했습니다. 이 기술은 현재 사용되는 암호화 방식의 안전성을 위협할 수 있으며, 이는 블록체인 기술과 암호화폐에 대한 신뢰를 크게 흔들 수 있는 잠재적 요소입니다.

체이널리시스Chainalysis의 보고서에 따르면, 2024년 한 해 동안 디파이 프로토콜을 대상으로 한 해킹으로 약 20억 달러의 손실이 발생했습니다. 이는 2023년 대비 15% 증가한 수치로, 보안 문제가 암호화폐 시장의 성장에 큰 걸림돌이 될 수 있음을 보여줍니다.

시장 과열과 버블 붕괴 가능성

암호화폐 시장은 급격한 상승세를 자주 경험하지만, 이는 동시에 버블 붕괴의 위험을 동반합니다. 2021년 강세장 이후 2022년에 극심한 하락장을 겪으며 많은 투자자들이 큰 손실을 입었습니다. 암호화폐 시장 상승장의 흐름을 잘못타게 되면 결국 대규모 조정으로 손실을 입을 가능성이 있습니다. 특히 알트코인 시장은 투기적 성격이 강하기 때문에, 과도한 투자 열풍이 시장의 안정성을 위협하게 됩니다.

암호화폐 시장은 놀라운 성장 가능성을 가지고 있지만, 동시에 다양한 위험 요소들을 내포하고 있습니다. 규제 강화, 거시경제적 불확실성, 기술적 취약점, 시장 과열 등은 투자자들에게 신중한 접근을 요구합니다. 따라서 투자자들은 시장의 긍정적인 요인을 바라볼 뿐 아니라, 잠재적인 리스크를 철저히 분석하고 대비하는 것도 중요합니다.

03
암호화폐 투자의 이유

'당신은 어떤 선택을 할 것인가?'

지금까지 우리는 비트코인의 탄생, 암호화폐 시장의 형성, 시장의 다양한 전망을 살펴봤습니다. 처음에는 소수의 기술 애호가들만 주목했던 자산이었지만, 이제 암호화폐는 세계 경제의 중요한 한 축으로 자리 잡았습니다. 2008년 금융위기 속에서 기존 금융 시스템의 한계를 극복하고자 탄생한 암호화폐는 정부나 은행의 통제를 받지 않고 개인이 금융을 더 능동적으로 활용할 수 있는 가능성을 제시했습니다. 현재 암호화폐는 단순한 투자 자산을 넘어 탈 중앙화 금융과 스마트 계약을 통해 기존 금융 시스템을 변화시키고 있으며, 금융의 새로운 패러다임을 만들어가는 중입니다. 그리고 이 모든 변화 속에서 가장 중요한 질문이 남아 있습니다.

암호화폐, 과연 어떻게 투자할 것인가?

지금 우리가 주목해야 할 것은 기술 그 자체보다, 시장이 그 기술을 어떻게 받아들이고 반응하는가입니다. 투자자는 늘 변화에 가장 민감한 위치에 서 있습니다. 그러므로 암호화폐라는 이 거대한 흐름을 무작정 따르기보다 이해하고, 해석하며, 스스로의 투자 기준에 따라 움직일 수 있어야 합니다. 이 책에서 지금까지 소개한 다양한 이야기들은 '투자자 여러분이 자신의 원칙을 세우고, 정보에 근거한 결정을 내리는 데 도움을 드리기 위한 것'이었습니다.

앞으로도 시장은 계속 흔들릴 수 있습니다. 그러나 그 속에서 기회를 알아보고, 리스크를 관리하며, 자신만의 전략을 꾸준히 유지하는 투자자만이 살아남을 것입니다. 이 책이 그런 '시장의 흐름을 읽는 눈'을 키우는 데 도움이 되었기를 바랍니다.

결국 중요한 것은 '선택'입니다. 암호화폐는 여기서 멈추지 않습니다. 어쩌면 우리는 지금 금융 역사의 중요한 전환점에 서 있는 것인지도 모릅니다. 과거 금과 은이 통화의 중심이었던 시대를 지나, 법정화폐가 세계 경제를 지배한 시대가 도래했듯이, 이제는 디지털 자산이 새로운 금융 질서를 만들어 갈 가능성도 열려 있습니다.

과연 암호화폐는 금융을 혁신할까요? 아니면 기존 질서에 흡수될까요? 그 변화 속에서 자신의 선택은 어떤 결과로 이끌까요? 이미 우리는 첫걸음을 내디뎠습니다. 그 선택은, 분명 더 나은 미래로 이어질 것입니다.

제 14 장

부록

알아두면 쏙쏙 이해되는 전문 용어

생소한 암호화폐 시장을 더욱 어렵게 느끼게 하는 것은 낯선 용어들 때문일 것입니다. 지금부터는 암호화폐 투자에 필요한 다양한 용어의 개념을 짚어보겠습니다. 어려운 용어도 최대한 쉽게 풀어 설명했으니, 시장을 이해한다는 생각으로 읽어 내려가면 좋을 것입니다. 또한, 앞선 내용에서 다룬 용어들도 포함되어 있으니, 한 번 더 정확하게 정리한다는 생각으로 읽어보세요. 용어를 정확히 이해하면 시장이 더욱 선명하게 보일 것입니다.

01
암호화폐 기본 용어 정리

암호화폐 시장에서 빈번하게 사용되는 기본 개념을 먼저 정리해보겠습니다.

1 블록체인Blockchain

블록체인은 암호화폐의 근간이 되는 기술로, 데이터를 분산 저장하여 중앙 기관 없이도 신뢰를 보장하는 시스템입니다. 블록체인의 핵심 요소는 다음과 같습니다.

- **탈 중앙화**Decentralization: 거래 기록이 중앙 기관이 아닌 여러 노드(컴퓨터)에 의해 저장됩니다.
- **불변성**Immutability: 한 번 기록된 거래는 수정할 수 없습니다.
- **보안성**Security: 암호화 기술을 사용하여 해킹 및 조작을 방지합니다.

2 탈 중앙화 Decentralization

탈 중앙화란 중앙 기관 없이도 시스템이 운영되는 구조를 의미합니다. 블록체인은 여러 참여자(노드)가 분산적으로 데이터를 보관하고 검증하는 방식으로 운영되며, 이 덕분에 중앙 기관의 개입 없이도 신뢰할 수 있는 거래가 가능합니다.

3 네트워크 Network

네트워크는 블록체인 노드들이 상호 연결된 구조를 의미합니다. 네트워크는 탈 중앙화된 구조를 갖고 있으며, 각 노드는 서로 데이터를 주고받으며 블록체인의 무결성을 유지합니다.

4 노드 Node

노드는 블록체인 네트워크에 연결된 컴퓨터로, 블록체인의 거래를 저장하고 검증하는 역할을 합니다. 노드는 전체 블록체인 데이터를 보유하거나, 특정 거래만 검증하는 형태로 운영될 수 있습니다.

5 트랜잭션 Transaction

트랜잭션은 블록체인에서 발생하는 데이터의 단위로, 일반적으로 암호화폐의 송금, 스마트 계약 실행 등과 관련된 정보를 담고 있습니다. 트랜잭션이 유효하다고 검증되면 블록에 기록됩니다.

6 퍼블릭 키 & 프라이빗 키 | Public Key & Private Key

퍼블릭 키(공개 키)는 암호화폐 지갑 주소로 사용되며, 누구나 볼 수 있는 정보입니다. 프라이빗 키(개인 키)는 자산을 관리하고 거래를 승인하는 데 필요한 정보로, 반드시 안전하게 보관해야 합니다. 프라이빗 키가 노출되면 자산을 도난당할 위험이 있습니다.

02 기술적인 암호화폐 용어

암호화폐의 기술적인 개념을 좀 더 깊이 이해하기 위해 알아야 할 필수적인 용어에 관해 간단하게 설명하겠습니다.

1 해시 Hash

해시는 데이터를 일정한 길이의 고유한 문자열로 변환하는 기술입니다. 블록체인에서는 특정 거래 데이터를 고유하게 식별하는 데 사용되며, SHA-256 같은 알고리즘이 대표적으로 사용됩니다. 해시 값이 변경되면 원본 데이터가 수정되었음을 즉시 확인할 수 있습니다.

2 가스비 Gas Fee

가스비는 블록체인 네트워크에서 거래를 수행할 때 필요한 수수료입니다. 특히 이더리움 네트워크에서는 스마트 계약 실행 비용으로도 사용됩니다. 가스비는 네트워크 혼잡도와 연계되어 있으며, 거래가 많을수록 수수료가 높아질 수 있습니다.

3 스마트 계약 Smart Contract

스마트 계약은 특정 조건이 충족되면 자동으로 실행되는 프로그램으로, 중개자 없이 신뢰할 수 있는 거래를 가능하게 합니다. 예를 들어, NFT 구매 후 자동으로 구매자의 지갑으로 전송되는 과정이 스마트 계약을 통해 이루어집니다.

4 디파이 DeFi, Decentralized Finance

디파이는 기존 금융 시스템을 블록체인 기술을 활용하여 탈 중앙화된 방식으로 운영하는 개념입니다. 대표적인 디파이 서비스로는 탈 중앙화 거래소 DEX, 대출 플랫폼, 예치 서비스 등이 있습니다. 기존 금융 시스템의 중개자를 제거하여 더 빠르고 저렴한 금융 거래를 가능하게 합니다.

5 합의 알고리즘 Consensus Algorithm

합의 알고리즘은 블록체인의 네트워크 참여자들이 트랜잭션의 유효성을 검증하는 방식입니다. 대표적인 합의 알고리즘에는 작업증명 PoW, Proof of Work, 지분증명 PoS, Proof of Stake, 위임지분증명 DPoS, Delegated Proof of

Stake 등이 있습니다.

6 스테이킹 Staking

스테이킹은 사용자가 자신의 암호화폐를 일정 기간 동안 블록체인 네트워크에 예치하고, 그 대가로 보상을 받는 방식입니다. 이는 은행의 정기 예금과 유사한 개념으로, 특정 코인을 보유하고 네트워크 운영에 기여하면 이에 대한 보상으로 추가 암호화폐를 지급받습니다. 스테이킹은 지분증명 PoS 기반의 블록체인에서 주로 사용됩니다.

7 메인넷과 테스트넷 Mainnet & Testnet

메인넷 Mainnet: 실제로 운영되는 블록체인 네트워크로, 모든 트랜잭션이 영구적으로 기록됩니다. 쉽게 말해, 실전 거래가 이루어지는 공식 네트워크입니다.

테스트넷 Testnet: 개발 및 테스트를 목적으로 운영되는 블록체인 네트워크입니다. 실제 자산이 아닌 테스트용 토큰을 사용하며, 새로운 기능을 시험해보는 공간입니다. 즉, 연습용 네트워크라 생각하면 됩니다.

03
암호화폐 투자 시 자주 쓰이는 용어

1 호들 HODL

'HODL'은 원래 'Hold(보유)'의 오타에서 유래된 단어로, 암호화폐 시장에서는 장기적으로 코인을 보유하는 전략을 의미합니다. 단기적인 가격 변동에 흔들리지 않고, 코인의 가치가 오를 것을 기대하며 오랜 기간 보유하는 투자 방식입니다.

2 포모 현상 FOMO, Fear of Missing Out

포모 FOMO는 기회를 놓칠까 봐 불안해하며 충동적으로 투자하는 심리 상태를 뜻합니다. 특히 암호화폐 가격이 급등할 때, '지금 사지 않으면 기회를 잃을 것 같다'는 생각에 신중한 판단 없이 매수하는 경우가 많습니다. 하지만 이러한 심리적 요인은 자칫 큰 손실을 초래할 수도 있기 때문에 주의해야 합니다.

3 퍼드 FUD, Fear, Uncertainty, Doubt

퍼드FUD는 '공포Fear, 불확실성Uncertainty, 의심Doubt'의 약자로, 부정적인 뉴스나 소문으로 인해 시장에서 투자자들이 불안해하는 상황을 의미합니다. '정부 규제가 강화될 것이다' 또는 '거래소가 해킹당했다'와 같은 뉴스가 나오면 투자자들이 공포에 휩싸여 매도를 고려하는 경우가 많습니다. 하지만 퍼드가 항상 실제 위협이 되는 것은 아니므로 사실 확인이 중요합니다.

4 바닥Bottom / 천장Top

'바닥Bottom'이란 암호화폐 가격이 더 이상 하락하지 않을 것으로 예상되는 지점을 의미하며, 반대로 '천장Top'은 가격이 최고점에 도달했다고 판단되는 지점을 뜻합니다. 투자자들은 이 개념을 활용하여 최대한 낮은 가격(바닥)에서 매수하고, 높은 가격(천장)에서 매도하는 전략을 세우기도 합니다. 하지만 바닥과 천장을 정확하게 예측하는 것은 어렵기 때문에 신중한 접근이 필요합니다.

5 손절 Cut Loss

손절이란 손실을 최소화하기 위해 일정 수준에서 코인을 매도하는 전략입니다. 100만 원에 매수한 코인이 80만 원으로 하락했을 때, 추가 하락이 예상된다면 손실을 감수하고 매도하는 것이 손절입니다. 손실을 방지하려는 감정적 대응이 아니라, 사전에 설정한 기준에 따라 손절하는 것은 중요한 투자 전략 중 하나입니다.

6 익절 Take Profit

익절은 이익이 발생했을 때 목표 가격에 도달하면 매도하여 수익을 실현하는 전략입니다. 100만 원에 매수한 코인이 150만 원으로 상승했을 때, 목표가에 도달했다고 판단하면 매도하여 수익을 확보하는 것이 익절입니다. 탐욕을 부려 지나치게 높은 가격을 기대하기보다는, 현실적인 목표가를 설정하고 익절하는 것이 바람직한 투자 전략이 될 수 있습니다.

7 스캘핑 Scalping

스캘핑은 짧은 시간 동안 작은 수익을 여러 번 실현하는 초단기 거래 전략입니다. 보통 몇 초에서 몇 분 단위로 거래를 반복하며, 하루에도 수십 번의 매매를 진행하는 경우를 말합니다. 변동성이 높은 암호화폐 시장에서는 스캘핑을 통해 짧은 시간 동안 적은 수익을 꾸준히 쌓아가는 방식이지만, 빠른 판단과 높은 집중력이 필요하므로 초보자들에게는 어려울 수 있습니다.

04 지표 분석 시 꼭 알아야 할 용어

암호화폐 시장에서 투자 결정을 내릴 때 다양한 지표를 이해하는 것이 중요합니다. 다음은 다양한 지표에서 사용하는 용어의 의미를 풀어봤습니다. 이를 익히면 지표를 해석하는데 도움이 되고 시장의 동향을 더 잘 파악할 수 있습니다. 다음은 가장 많이 사용되는 지표 관련 용어 스무 가지입니다.

1 Daily Active Addresses(데일리 액티브 어드레스, 일일 활성 주소 수)
정의: 24시간 내에 거래를 수행한 고유 주소 수
의미: 네트워크의 사용자 참여도를 나타냅니다.

2 Transaction Volume(트랜스액션 볼륨, 거래량)
정의: 특정 기간 동안 발생한 거래의 총량

의미: 네트워크의 활동 수준과 유동성을 평가합니다.

3 Market Capitalization(마켓 캐피탈리제이션, 시가총액)

정의: 암호화폐의 현재 가격에 유통량을 곱한 값

의미: 프로젝트의 규모와 시장 영향력을 나타냅니다.

4 Hash Rate(해시 레이트)

정의: 블록체인 네트워크의 총 컴퓨팅 파워

의미: 네트워크의 보안성과 안정성을 나타냅니다.

5 Miner Outflows(마이너 아웃플로스, 채굴자 출금량)

정의: 채굴자가 블록체인에서 코인을 출금하는 양

의미: 시장에 대한 판매 압박을 평가합니다.

6 Exchange Flows(액스체인지 플로스, 거래소 흐름)

정의: 거래소로 들어오고 나가는 코인의 양

의미: 매수 및 매도 압박을 분석합니다.

7 Net Unrealized Profit/Loss(넷 언리얼라이즈드 프로핏/로스, NUPL)

정의: 미실현 이익/손실의 차이

의미: 홀더의 이익/손실 상태를 평가합니다.

8 Market Value to Realized Value(마켓 볼륨 투 리얼라이즈드 벨류, MVRV)

정의: 시장 가치와 실현 가치의 비율

의미: 시장의 과대평가 또는 과소평가를 분석합니다.

9 Mean Coin Age(민 코인 에이지, 평균 코인 연령)

정의: 코인이 마지막으로 이동한 시점의 평균 시간

의미: 홀더의 장기 보유 여부를 평가합니다.

10 Gini Index(지니 인덱스, 지니 계수)

정의: 코인 분포의 불평등 지표

의미: 코인의 집중도를 평가합니다.

11 Supply Distribution(서플라이 디스트리뷰션, 공급 분포)

정의: 코인의 공급이 어떻게 분포되어 있는지를 나타냄

의미: 코인의 희소성과 가치를 평가합니다.

12 Active Wallets(액티브 월렛츠, 활성 지갑 수)

정의: 특정 기간 동안 거래를 수행한 지갑 수

의미: 네트워크의 사용자 참여도를 나타냅니다.

13 Unique Social Volume(유니크 소셜 볼륨)

정의: 암호화폐 관련 소셜 미디어 활동의 고유성

의미: 프로젝트의 소셜 인지도와 관심도를 평가합니다.

14 Sentiment Metrics(센티벤트 매트릭스, 감성 지표)

정의: 시장의 감성 상태를 분석하는 지표

의미: 투자자들의 심리 상태를 이해합니다.

15 Development Activity(디벨롭먼트 액티비티, 개발 활동)

정의: 프로젝트의 개발 활동 수준

의미: 프로젝트의 기술적 발전 가능성을 평가합니다.

16 Whale Activity(웨일 액티비티, 고래 활동)

정의: 큰 홀더가 수행하는 거래 활동

의미: 시장에 미치는 영향력을 평가합니다.

17 On-Chain Volume(온체인 볼륨, 온체인 거래량)

정의: 블록체인에서 발생하는 실제 거래량

의미: 네트워크의 활동 수준과 유용성을 평가합니다.

18 Staking Participation(스테이킹 파티시페이션, 스테이킹 참여도)

정의: 네트워크에서 스테이킹에 참여하는 비율

의미: 네트워크의 안정성과 보안성을 평가합니다.

19 Network Congestion(네크워크 콘그레션, 네트워크 혼잡도)

정의: 네트워크의 처리 속도와 혼잡 상태

의미: 네트워크의 효율성과 성능을 평가합니다.

20 Smart Contract Activity(스마트 컨트렉스 액티비티, 스마트 계약 활동)

정의: 스마트 계약을 통해 발생하는 활동 수

의미: 네트워크의 기능성과 활용도를 평가합니다.

[참고 문헌 및 출처]

- https://dealsite.co.kr/articles/133499
- https://www.taxwatch.co.kr/article/tax/2024/08/30/0001
- https://www.irishtimes.com/business/economy/turkey-detains-four-in-vebitcoin-investigation-1.4547034
- https://uk.finance.yahoo.com/news/why-bitcoin-price-crashed-hacks-112837737.html
- https://blog.bitmex.com/satoshis-2014-email-hack/
- https://www.thebalancemoney.com/stock-market-crash-of-2008-3305535
- https://learn.swyftx.com/cryptocurrency/the-historical-impact-of-the-bitcoin-halving/
- https://technicalresources.in/the-2008-market-crash-causes-impacts-and-lessons-learned/
- https://www.thebalancemoney.com/stock-market-crash-of-2008-3305535
- https://research.kaiko.com/insights/what-are-the-odds-of-santa-rally
- https://finance.yahoo.com/news/multiple-mining-pools-facing-connectivity-113938180.html
- https://www.taxwatch.co.kr/article/tax/2024/08/30/0001
- https://cryptorank.io/insights/reports/crypto-market-recap-november-2024
- https://n.news.naver.com/mnews/article/243/0000073670
- https://support.upbit.com
- https://bitcoinke.io/2024/10/2024-cex-market-share-report/
- https://coinbureau.com/guides/binance-guide/
- https://cryptomus.com/ko/blog/how-to-read-cryptocurrency-charts-a-guide-to-crypto-graph-analysis
- https://evrdh.tistory.com/entry/join-binance
- https://bap-software.net/en/knowledge/what-is-a-digital-wallets/
- https://www.civilsdaily.com/news/what-is-a-bitcoin-hardware-wallet-and-how-it-works/
- https://intel.arkm.com/explorer/entity/usg
- https://en.coin-turk.com/discover-how-m2-money-supply-influences-cryptocurrency-prices/
- https://loosie.tistory.com/309

탄탄하게
시작하는
코인투자
첫 공부

1판 1쇄 펴낸 날 2025년 7월 30일

지은이 이지영
펴낸이 유지은
펴낸 곳 옐로우바스켓

책임편집 유지은
디자인 BIG WAVE

팩스 02-6020-8533
전자우편 yellowbasket1010@naver.com(출간 문의)
ISBN 979-11-990298-6-6 (13320)

※ 이 책은 저작권법에 따라 보호받는 저작물이므로 무단 전재와 무단 복제를 금지하며,
　이 책의 내용을 전부 또는 일부를 이용하려면 반드시 저작권자와 옐로우바스켓 출판사의
　서면 동의를 받아야 합니다.
※ 책값은 뒤표지에 있습니다.
※ 잘못된 책은 구입하신 곳에서 바꾸어 드립니다.